対話的コミュニケーションが生まれる国語

坂本喜代子
SAKAMOTO Kiyoko

渓水社

目　次

第1章　対話的コミュニケーションの特徴

第1節　対話的コミュニケーションの定義 …………………………… 1
　1　対話とは何か ……………………………………………………… 2
　2　対話的コミュニケーションとは何か ………………………… 4
第2節　能動的聞き手 …………………………………………………… 8
　1　聞くこと …………………………………………………………… 8
　2　能動性 ……………………………………………………………… 13
第3節　「聞くこと」の能力 …………………………………………… 16
　1　内容を理解する力 ……………………………………………… 16
　2　反応する力 ……………………………………………………… 18
　3　聞きとり過程を意識する力 …………………………………… 22
　4　聞く態度 ………………………………………………………… 24
第4節　対話的コミュニケーションの分析方法 …………………… 25
　1　ヴィゴツキーの発達の最近接領域からみる相互作用 …… 26
　2　談話分析による相互作用分析 ………………………………… 31
　3　国語科教育における発話機能からの相互作用分析の研究 ……… 33
第5節　対話的コミュニケーションの特徴分析 …………………… 39
　1　特徴分析の目的・方法 ………………………………………… 39
　2　分析対象 ………………………………………………………… 40
　3　特徴の分析 ……………………………………………………… 40
　4　考察 ……………………………………………………………… 51

第2章　対話的コミュニケーションを育てる授業

第1節　能動的な聞き手を育てる授業の構想 ……………………… 55
　1　音声言語教育実践 ……………………………………………… 55

2	実践授業の構想	………	57
第2節	実践授業	………	59
1	実践の概要	………	59
2	実践授業の内容と子どもの姿	………	60
第3節	対話的コミュニケーションを育てる		
	実践授業の効果分析	………	70
1	効果分析の目的と方法	………	70
2	実践授業の効果の分析	………	72
3	考察	………	88
4	結論	………	92

第3章　対話的コミュニケーションを育む教師の信念

第1節	教師の信念	………	95
1	対話的コミュニケーションと教師のものの見方	………	95
2	教師の信念研究	………	97
第2節	TAEの理論と質的研究	………	100
1	TAEの理論	………	100
2	TAE質的研究法	………	103
第3節	対話的コミュニケーションをめざす		
	教師の信念の分析	………	106
1	分析の目的と方法	………	106
2	TAEステップによる分析過程	………	107
3	対話的コミュニケーションから見る教師の信念	………	110

第4章　授業に埋め込まれた
　　　　対話的コミュニケーション

第1節	教師の信念のTAE分析	………	129
1	研究の目的と方法	………	129
2	TAEステップによる分析	………	130

3	考察		134
4	結論		137

第2節　教師の信念とその実践における投影の様相 ── 137

1	分析の目的と方法		137
2	授業実践への投影の様相Ⅰ		138
3	授業実践への投影の様相Ⅱ		141
4	考察		144
5	結論		147

第3節　実践に埋め込まれた子どもの
　　　　対話的コミュニケーション ── 149

1	分析の目的と方法		149
2	発話機能の特徴		151
3	他者と自己との協働の発話の構築		152
4	予測不可能事象への対応		155
5	沈黙と認識の深化		156
6	考察		157
7	結論		159

第4節　実践に埋め込まれた教師の
　　　　対話的コミュニケーション ── 159

1	分析の目的と方法		160
2	分析結果		165
3	考察		172
4	結論		174

第5章　対話的コミュニケーションが生まれる国語

第1節　みえているがだれもみていないものを
　　　　みえるようにする ── 177

第2節　志向性 ── 179

第3節　身体性 ── 181

第4節　共通了解 ……………………………………………………… 184
第5節　まとめ ……………………………………………………… 188

引用文献 ……………………………………………………………… 191
索引（事項）………………………………………………………… 199
索引（人名）………………………………………………………… 201

対話的コミュニケーションが生まれる国語

第1章
対話的コミュニケーションの特徴

　本章では、第1節で、対話的コミュニケーションを「異質な他者や自己との対峙であり、共同体を形成する働きをもつ人間形成に資する相互作用」と定義する。第2節で、対話的コミュニケーションの研究の視点を「聞き手が異質な他者や自己との相互作用を通してみせる能動性」とし「能動的な聞き手」の重要性を明らかにする。第3節で、聞くことの能力を〈理解する力・反応する力・聞きとり過程を意識する力・聞く態度〉の4点として整理する。第4節で、相互作用とは水平的双方向的であり、子ども同士のかかわりが学びや発達を促すという立場から、分析の方法として「ことばのはたらきかけのやりとりを特徴の束としてみる」相互作用分析が適切であることを検討する。第5節では、相互作用分析から対話的コミュニケーションの特徴として〈協働の発話の構築・予測不可能事象への対応・沈黙による思考の深化〉の3点を明らかにする。

第1節　対話的コミュニケーションの定義

　本節では、「対話」「コミュニケーション」の用語の多義的なとらえ方を整理する。それにかわることばとして「対話的コミュニケーション」という用語を採択し、その機能を「音声言語活動全てを視野にいれた対話を媒介とする、異質な他者や自己との対峙であり共同体を形成する働きをもつ、人間形成に資する相互作用である」と定義する。

1 対話とは何か

1.1 西尾実の対話論

　西尾実は一対一の間で行われる、話しことばを用いた通じ合いを対話とよんでいる。西尾（1975a）は対話の概念を、①話し手と聞き手が交互に交代する、②聞き手の数は一人、③聞き手の性質が話し手との人間的なつながりを予想できる、の3点から規定している。交代性・人数・人間関係という規準で対話をとらえ、集団の中の会話や自己内対話などは対話の範疇に含めていない。また西尾（1975b）では、対話の形態の自由さや遠慮のなさから対話と問答を区別している。問答は、話題が一定性をもち、話し合いの目的が問題の解決であるため特殊なものとして位置付けている。対話の形態の気のおけなさや自由さを重要視していることがわかる。対話は談話の基本形態としながらも、談話を構成するものの中の一つとして狭義にとらえているといえる。

1.2 倉澤栄吉の対話論

　倉澤（1989a）は西尾の対話論をふまえ、狭義の対話の定義を明確にしながら、対話とは一対多までふくめた場合にもあてはまり、広義には自己内対話も含まれるとする。倉澤は、対話を形態としてみた場合は狭く限定されるが、機能としてみた場合はすべてが対話であるという。つまり、西尾の「談話の基本形態は対話である」という概念を拡張し、独話と会話、さらに自己内対話も対話の一部であると考えているのである。

1.3 バフチンの対話論

　バフチンの対話論を検討するために、高橋俊三、山元悦子、村松賢一の論考を概括する。

　高橋（2001）は、倉澤の対話論を引き継ぎ、対話を形態としてでなく機能としてとらえる。高橋は、相互交流という機能でとらえると広義の意味をもち、形態としてとらえると厳密には会話とは一線を画す必要があるとする。高橋の対話と会話の比較は、西尾の問答と対話の比較と類似点が見

られる。西尾の言う問答と高橋の言う対話は問題解決を目的とするという点で共通しており、西尾の言う対話と高橋の言う会話は話題が自由で流動的であるという点で共通している。

　山元（1997）は、対話とは社会的行為であり、話し手と他者との関係を作っていく基本的単位であるとする。山元は、対話行為の心理的過程に着目して検討している。人が相手の言葉を受けて自分のことばを発する時のプロセスを、対話行為の心理的過程モデルとして次のように設定している。「①相手のことばの言語的意味を理解する。（表意の過程）②相手の発話の意図を理解する。（推意の理解）③漠想が生成される。（展開過程）④言表化する。」である。思考過程に注目する立場から、異質な考えをもつもの同士が共生するために必要なものとして対話を位置付けているのである。

　村松（2001）は倉澤の広義の定義をさらに広げ、伊藤（1995）の「異質性のうちに共同性を作り上げる試み」という考えを踏まえ、音声言語活動はその本質においてすべてが対話であるとする。そして山元と同じく「異質な他者との共同」が対話の目指すものであると指摘する。

　高木（2001）は、少年犯罪やいじめ問題から、自己中心的で他人を思いやる能力に欠けている現状を変えていくために「対話的関係」を構築することの重要さを述べ、その考え方の基本を20世紀のロシアの哲学者バフチン（Bakhtin, M.M.）の対話論から外部との対話関係の重要さを指摘する。バフチンの対話論とはどのようなものだろうか。

　バフチンは、対話によって、自己が既に持っていた見解や立場を変えることが可能になり、その結果、相互が豊穣化すると説いている。バフチンのとらえる対話について、桑野（1987）は、バフチンによれば「対話がモノローグ的なこともあれば、モノローグが対話的なこともある」としている。バフチンは、対話の中で相互作用を及ぼし合う意味的立場が同一主体であることも含めて対話ととらえているのである。

　バフチンの理論を受けて対話を教育の中心に据えている佐藤（1999）は、「他者と関わるということは、自己を他者に投影し、そこで自己を明らかにすることで自己を意識していくということなのである」と言う。対話を

第1章　対話的コミュニケーションの特徴　3

通して自己変革をするという認識の深化に注目し、対話には異質な他者と、異質性をもった自分との関わりであるとする。そして対話の場が減少している現状を改善するために、佐藤は対話する学習の必要性を強調しているのである。

さらに、異質な他者という視点で対話を厳密にとらえようとする柄谷（1992）は、バフチンの言葉から「対話は、他者との対話でなければならない。すなわち、自分と異質な他者、異なる言語ゲームに属する他者との対話だけが、対話とよばれるべきである」と述べる。柄谷はバフチンの言う「他者との対話」を考えたとき、たとえ他の人間であっても同じ考えのもの同士の対話は単なるモノローグに過ぎず対話とはよべきでないと言う。他者との違い、他者の他者性を前提として対話は成立すると考えているのである。

バフチンの他者性を広くとらえ、多文化理解の立場から対話を考える倉八（2001）は、バフチンの対話論とブラジルの教育者パウロ・フレイレの対話論から「対話」は、「双方向的な伝えあい」として現象する能動的行為であるとしている。人間に対する愛と批判的思考とが同時に存在する他者との間という視点は、倉澤（1989a）の「人間関係という言葉とおきかえてもよい」という表現と相通じるものといえるだろう。

2　対話的コミュニケーションとは何か

国語科教育においてめざすコミュニケーションとは何か、そして、対話とコミュニケーションとのかかわりを滝沢武久、岡田敬司、村松賢一から整理しまとめる。対話を媒介とするコミュニケーションを「対話的コミュニケーション」と名付け、その機能を定義する。

2.1　国語科教育がめざすコミュニケーション

深田（2001）は、心理学の立場から「コミュニケーションとは、あるシステムから別のシステムへの符号による情報の移動を含む過程である」と定義している。さらにコミュニケーションの概念は3つのタイプに統合で

きるとする。①相互作用過程、②意味伝達過程、③影響過程に関係する3つである。国語科教育では3つのタイプのうち、主として相互作用過程概念タイプとしてコミュニケーションということばを用いることが多いが、単なる伝達や、一方向的なコミュニケーションも混在している。

　教育で使われるコミュニケーションということばを「伝達」ではなく「伝えあい」ととらえるべきだとする滝沢（1999）は、語源にさかのぼり、人が情報共同体を形成する働きをコミュニケーションだと主張する。滝沢は言語技能主義からコミュニケーションを見るのではなく、人と人との心のつながりから見るべきだと主張している。

　人間の理解という側面からコミュニケーションについて論及している岡田（1998）は、家庭や学校のコミュニケーションは人間の理解を必ず伴っていなければならないとしている。岡田は共同で物語を創り出すコミュニケーションの一例として討論を挙げている。

　一方国語科教育では、西尾（1975a）が「通じ合い」をコミュニケーションの訳語とし、その下位概念として対話を位置付けている。また、コミュニケーションとの関連について、言葉は個人的な理解活動ではなく社会的な相互作用であり、「通じ合い」がコミュニケーションであるとしている。西尾の「通じ合い」と「伝え合い」について、倉澤（2002）は「伝え合い」は単なる現象であるが「通じ合い」は伝え合う行為を通して互いの心が人間同士として通い合った状態と考え、西尾の名付けた「通じ合い」こそコミュニケーションの言いかえとしてふさわしいと指摘している。

　村松（2000）は、コミュニケーションを相互作用モデルと考えるべきだとする。「コミュニケーションは、何事かを共有するだけでなく、創造する行為となる。さらに、この過程を通じて、参加者の立場や態度、考えが変容することを重く見る。」と述べ、共有し創造する行為がコミュニケーションであり、それを可能にするのが対話であると位置付けている。

　以上のことから、筆者は、国語科教育においてめざすコミュニケーションとは、共同体を形成する働き（滝沢）をもち、人間関係形成に資する（岡田）、相互作用（村松）であると措定する。そして、コミュニケーション

には欠かせないものとして対話を捉える。

2.2　対話的コミュニケーションの定義

　対話の定義を整理し、国語科教育においてめざすコミュニケーションについて検討してきた。本書では、多義的な「対話」と「コミュニケーション」ではなく、「対話的コミュニケーション」という語を用い、「対話によって行われるコミュニケーション」を総称することとする。

　対話的コミュニケーションという語は、教育学で佐藤学、国語科教育では藤森裕治の論文の中で以前から使われている。二人の考え方を概観し整理をしよう。

　佐藤（1995）は教室のコミュニケーションがモノローグによって支配されている現実から、教室の学びをひとりひとりの対話的実践として組織することによって、対話的コミュニケーションへと変革されるという。

　　　対人関係における対話的実践として学びを遂行するためには、教室文
　　　化を構成している制度化された人間関係、言語、知識を、ダイアロー
　　　グの言語によって変革する実践として展開されなければならない。革
　　　新的な実践は、すべて、この課題を自覚的に遂行してきたといってよ
　　　いだろう。子ども一人ひとりの認識や表現の個別性を尊重し、そのよ
　　　き聞き手、よき理解者となることを授業の中心に据えてきた教師の実
　　　践、一人ひとりの子どものイメージや思考の個別性を交流し、<u>対話的</u>
　　　<u>コミュニケーション</u>の成立を探求してきた教師の実践、教室の言語の
　　　多様性と多層性を開拓してきた教師の実践などは、その典型として評
　　　価されるだろう。(p.81)（下線筆者）

　佐藤は、ダイアローグの言語で結ばれたディスコース・コミュニティ（＝探求の共同体）を作るのが対話的コミュニケーションであるととらえているのである。

　藤森（2000）は、西尾実・倉澤栄吉・村松賢一・時枝誠記・大澤真幸の

先行研究から対話的コミュニケーションという言葉を次のように定義づけている。

　１．対立する『他者』との間に倫理的・論理的関係を形成し目的を共有して行う、音声言語を主媒体にした社会的行為としてのコミュニケーション、２．「他者」は状況に応じて種々の様相を呈する、３．異質で対立的な関係に位置するものが、その差異性を超えて共有すべきコミュニケーションへの合意がある

本発表では以下に示す対話の機能特性に基づいたコミュニケーションを総称して、対話的コミュニケーションとする。

第１特性：言語主体が、知識・思考・感情等の対立する「他者」との間に倫理的・論理的関係を形成し、相互理解、認識深化、態度変容、真理追究等の目的を共有して行う、音声言語を主媒体にした社会的行為としてのコミュニケーションである。（引用文献略）

第２特性：このコミュニケーションで認知される「他者」は現前する特定個人としての主体にとどまらず、コミュニケーション状況に応じて種々の様相を呈する。この「他者」の中には他者性を帯びた「自己」も含まれ、その場合、コミュニケーションは明示的な形態をとらない。

第３特性：このコミュニケーションは、基本的に偶有性の原理にそくした創発的な言語行為であり、主体が発する言葉はもとよりコミュニケーションの文脈やシステムも、行為のただ中に実存し行為のただ中で実現される（引用文献略）。この状況に麻痺することなくコミュニケーションの展開を可能とする背後には、主体間の視座転換による「自／他」を結ぶ超越的レベルの合意、つまり異質で対立的な関係に位置するものが、その差異性を超えて共有すべきコミュニケーションへの合意がある（引用文献略）。人間形成に資するコミュニケーションにとって、この合意が最も重視すべき対話機能と考える。この合意によって、「他者」が自己を「自己」たらしめる存在として了解され、社会的存在としての「自己」が社会的に成長するのである。(p.13)（下線筆者）

藤森の第1特性及び第2特性は、対立する他者との関係を重視し、他者は他者性を帯びた自分自身も含み、対話を広義には自己内対話や会話、独話も含まれるとする。さらに人間形成論に立脚して定義している。しかし、第3特性については、本論で扱う小学校国語科授業実践では十分に扱うことは難しいと考える。そこで、藤森の第1特性及び第2特性を援用することとする。

　以上の先行研究から、本書では対話的コミュニケーションを次のように定義する。

　基本的立場は一対一の話し言葉の通じ合いであるが、形態は一対多、一対衆の場合もあり音声言語活動全てを視野にいれた対話を媒介とする。異質な他者や自己との対峙であり共同体を形成する働きをもつ、人間形成に資する相互作用である。

第2節　能動的聞き手

　本節では受動的と受けとめられがちであった聞き手の能動性に着目し、モニタリングすることで省察や改善への自覚をもち、批判的に、返答をはらむ理解を通して言葉を補足し応用し反応する聞き手を「能動的な聞き手」と定義する。聞き手の能動性は対話的コミュニケーションの研究の重要な視点であることを確認する。

1　聞くこと

　西尾（1975c）は話し合いや討論がうまくいかない原因は聞き手にあり、聞き手の指導こそ重要だとする。聞くことができるようになることでよりよい通じ合いができるという見通しをもって次のように述べている

　　通じ合いを混乱させることは、聞く主体の聞き方の自己訓練ができていないからである。社会的経験のとぼしい小学校や中学校の学習者は、そういう自己訓練の必要を自覚していないから、学習指導者が指導し

て、機会あるごとに、そういう聞き方の自己訓練をさせなくてはならない。が、わが国の現状では成人社会においても、聞き方の自己訓練が欠けている人が多い。わたしはその原因を、聞くことが主体的行為であることの自覚がじゅうぶんでないことにみとめないではいられなくなって、この考察を試みた。(p.152)

さらに、西尾（1975d）は、聞くことは話すことの原動力であり、聞くことは言語生活の根本的な課題であるとして次のように述べている。

話し合いにおいて聞きじょうずは話しじょうずであるのと同じように、公話・討論においても、聞くことが話させる原動力であり、よく聞く人はよく話す力と方法をも獲得する。聞くことの改善は、われわれの時代に課せられている言語生活上の根本的な課題であると言っていい。（pp.234-235）

つまり西尾は、聞き手への指導が対話的コミュニケーションに必要であること、そして聞くことを聞き手の主体的行為としてみること、聞くことを改善していくことが重要であるというのである。

倉澤（1989c）は、通じ合いは人と人との「人格の混じり合い」であり、人間連帯が必要であるからこそ、聞くことが重視されるとして「聞くことの指導に、『対話』を主領域とする意義の高いこと」を指摘している。さらに、倉澤（1989b）は、聞くことは非常に大事な学習であるとした上で、「積極的能動的なプロセス」であり「人間全体を受けとめる力」として人間形成に資する力であるという点でも重要であるとし、次のように述べている。

聞く能力は単に出された音声を正確にまとめて総括統合して、頭にイメージをつくりあげていくことではなくて、湯川博士のことばを借りれば、もっと創造的ないとなみといえるわけです。先へ先へと聞きとっていく能力です。だから最近、学習の媒体として、話す、読むとか、

見ることと並んで、聞くというのは非常に大事な学習の媒介的通路であるといわれているわけです。したがって、非常に積極的能動的なプロセスであって、決して受け身ではないことが明らかになってきました。教師が子どもにどんなことを聞かせるかということは、子どもをしてどんなアクティブな人間として形成させるかということにかかわりをもっています。単に聞いたことを頭の中でまとめて、テストに答える能力ではなくて、人間全体を受けとめ聞きとっていく力ということになるわけです。(p.22)

西尾は「主体的行為」としたが、倉澤は「積極的能動的プロセス」として聞くことを重要視しているのである。

大熊 (1999) は、対話的コミュニケーションの要諦は自分の考えを聞くこと、相手の考えを確かに豊かに聞くことであるとして次のように述べている。

では、音声言語コミュニケーションの要諦は何であろうか。つまり「目的」「相手」「場」に応じて話したり、聞いたりする上で大事なことは何であろうか。筆者は次の三点と考えている。すなわち、(1) 自分の考えを確かに捉えること、(2) 相手の考えを確かに捉えること、(3) 自分の考えを豊かに捉えることである。(p.67)

大熊は「捉える」ことこそ要諦であるという。とらえることなくして次なる発信は生まれないとする。受動的に見える「捉えること」が実は「主体的」であると強調しているのはそのためである。「確かに聞き取ろうとする柔軟で主体的な姿勢」を重要視していることから、筆者は大熊の「捉えること」を「聞くこと」と置き換えて考えたい。

教室における聞き合う関係の重要性を常に提言している佐藤 (2003) は、次のように述べている。

教室において一人ひとりが学びの主人公として対話的実践を遂行し、その一人ひとりの多様な学びが「オーケストラ」のように響き合う関係を築くには、どうしたらいいのだろうか。その鍵は〈聴き合う関係〉にある。通常、教師は、生徒の発言や発表の指導に熱心だが、聴く指導についてはおろそかにしがちである。しかし、対話の言葉は〈話す〉ことに立脚しているのではなく、他者の声を〈聴く〉ことに立脚している。〈聴き合う関係〉を基礎とする〈応答性〉が、対話の言葉を準備するのである。(中略) そして私は教師達に、生徒の発言を三つの次元のつながりにおいて認識することを求めている。第一に、その意見がテキストのどの言葉に触発されて生まれているのか、第二に、その意見が教室の他の生徒のどの発言とのつながりで生まれているのか、そして第三に、その生徒の前の発言とどうつながっているのかという、三つのつながりの中で聴くことである。絶えずこの三つのつながりにおいて一人ひとりの生徒の発言を聴くのは、最初は訓練を必要とするだろうが、そのスタイルを身につければ、生徒の発言を聴くと瞬時にこの三つのつながりを感受できるようになる。そして、教師がこの三つのつながりで生徒の発言を聞けるようになれば、生徒たちも同様に、教室の仲間の発言をこの三つのつながりで〈味わい〉ながら〈聴く〉ことができるようになる。こうなると、その教室は対話的コミュニケーションが成立する基礎的な条件を備えたといってよいだろう。(pp.11-12)

佐藤は教師が発言を聞くときを例にあげ、対象・他者・自己のことばとのつながりを認識しながら聞くことによって、対話的コミュニケーションが成立するという。つまり子ども自身が対象・他者・自己のことばとのつながりを認識しながら聞く力を育てることこそ対話的コミュニケーションを成立させる重要な点であるというのである。

多言語・多文化共生時代を迎え、日本語教育と国語科教育の連携が必要だという村松(2002)は、国語科教育が「国語」を脱して「ことば」の教

科になり、他者とのコミュニケーションを真剣に追求していくとき日本語教育へ貢献できるものがあるはずだとする一方で、国語科教育が日本語教育から学ぶべき点は多いという。日本語教育の研究の中で聞き手の重要性を指摘している堀口（1997）は次のように述べている。

　　会話というと、話すことが重視され、聞き手の存在は忘れられがちである。しかし、会話は話し手と聞き手の両方で作り上げていくものであり、話し手が「話しやすい」あるいは「話しにくい」と思うのも、「もっと話したい」あるいは「もう話したくない」と思うのも、「もう一度言い直した方がいい」とか「もう少し詳しく話した方がいい」とか「話題を変えた方がいい」等々と考えるのも、かなり聞き手の反応によっている。すなわち、会話において、聞き手は、話し手と同じように重要な役割を担っているのであり、その役割は話し手が会話において果たす役割と同等に評価されるべきであると考える。(pp.2-3)

　堀口は特に聞き手のみが重要とするのではなく、話し手と同等に聞き手の研究もされるべきだと考え、聞き手の役割を明らかにしている。「あいづち・予測・省略の復元」の３つの役割を提示し、具体的発話を検討しているのである。その中でも、あいづち研究は日本語教育での先進的な研究の蓄積がある。なぜ、日本語教育であいづち研究が求められているのかについて、堀口（1997）は次のように述べている。

　　あいづち研究は、日本語教育にあいづちを取り入れる必要から出発したものの少なくない。学習者があいづちを打たない、学習者のあいづちに違和感がある、日本人のあいづちに対して学習者が疑問や不快感を訴えたなど教育現場での経験と、コミュニケーション能力の育成という教育目標から、あいづちを教育に取り入れることの必要性を痛感したからである。(p.78)

文化の違いから、「聞いている合図」として行うあいづちをとりたてて学習することが求められてきたことがわかる。そして、注目したいのはコミュニケーション能力を育てるにはあいづちのような「聞いている合図」や「聞き手の役割」を相手に送る必要性である。これは、日本語教育のみならず、国語科教育でも必要な観点だと言えよう。

2 能動性

　先行研究から、対話的コミュニケーションは聞き手の視点から研究することの重要性が明らかになった。そしてとりわけ「主体的に」「能動的に」「積極的に」聞くことが大切であることがわかった。そこで聞き手、とりわけ能動的な聞き手とはどのような姿だろうか。聞き手の能動性について言及している西尾実、高橋俊三、大熊徹、バフチン、山元悦子、堀口純子の先行研究から、対話的コミュニケーションの研究の視点として聞き手の能動性を整理する。そして、能動的な聞き手の定義をする。

　西尾（1975a）は自分の言語生活に自覚的であることの重要性を次のように述べている。

> 　談話生活指導の根底となる指導者の用意は、まず、自己の談話生活についての、しっかりした反省ができ、みずからたえざる改善の途に立ち、相手および他人の談話生活についても生きた観察ができて、人の話が聞き分けられると同時に、上手な人からも、下手な人からも、いつ・どこででも、よろこんで学びうるような態度と方法ができている。そうして、それを土台にして、子ども・生徒をも、自他の談話生活を省察し、改善できるような方向に導いてあることである。(p.74)

受身でない能動性を聞き手に求めていることがわかる。聞くことによって自分の談話生活を省察・改善できるようになるというのである。

　高橋（1994）は、聞きとりに終始する聞くことのとらえ方を「①収束的

思考（狭義の論理的思考）」としたうえで、それだけでは不十分であると次のように述べている。

　　聞くという場合には、相手の話を補ったり、真偽を判断したり、根拠となる事実を検討したりして、耳を傾けることが多いだろう。つまり「③評価（的思考）－批判的思考」（以下「批判的思考」という）を大いに働かせて聞く。また、聞いたことに触発されて、新しい考える視点を得たり、話し手も予想しなかったアイディアをつかんだりもする。つまり、「②拡散的思考－創造的思考」（以下「創造的思考」という）が働く。
　　　これが聞くことの実際の姿である。(p.185)

高橋は、批判的に創造的に思考を働かせて聞くことが能動的であるというのである。

　大熊（2002）は、伝え合う力を育てるための要諦の一つとして「批判的に聞く力を育てる」ことを挙げている。発表の後に「内容の確認、質問、さらなる要求、自分の考えとの比較等の聞き手の発言」が重要であるとして、能動的に聞くことを「批判的・積極的・主体的に聞く」と表現している。バフチン（1979）は、聞き手の能動性について一貫して主張し次のように述べる。

　　じっさい聴き手は、ことばの（言語上の）意義を知覚し理解しながら、同時にそのことばに対して、能動的な返答の立場をとるわけだから。すなわち、そのことばに賛成もしくは不賛成である。（全面的に、あるいは部分的に）、そのことばを補足し応用する、そのことばを遂行しにかかる、という具合に。しかも聴き手のこの返答の立場は、彼が耳をかたむけ理解するプロセスの全体にわたって、初めから、時には文字どおりに話者の最初の言葉から形づくられる。生きたことば、生きた

発話の理解はどれも、能動的な返答の性格をもつ（なるほど、能動性の度合いはじつにさまざまだが）。どのような理解も返答をはらみ、なんらかのかたちでかならず返答を生み出す。つまり、聴き手が話者になる。聴き取られることばの意義の受動的な理解というのは、現実の全一的な、能動的に返答する理解――それにつづく実際に声にされた返答で現実化される――の、単なる抽象的要因にすぎない。(pp.130-131)

バフチンは、能動的な聞き手は賛成や不賛成、ことばを補い、そのことばを元にして別の言葉を生み出すなどの応用や遂行などの返答を必ず生み出すというのである。

山元（1995）は、「場の状況を判断し、他者を受容した上で、自己表現を組み立て、発話していく」ような聞き手の育成を目指し、次のように述べている。

先に、社会的自己との自己内対話によって、社会的通じ合いとしての話しことばが生まれるとのべてきた。すなわち、「社会性」を持った自己が、表現欲求につき動かされた自己を、一歩離れたところから客観視するモニター的役割を持って存在しているという考えかたである。(pp.63-64)

自己を一歩離れたところから客観視するモニター的役割としての「社会的自己」の重要性を提示しているのである。

堀口（1997）は、「会話において、聞き手は、話し手と同じように重要な役割をになっているのであり、その役割は話し手が会話において果たす役割同等に評価されるべきであると考える」立場から次のように述べている。

「聞く」ことは、理解し、解釈し、考え、想像し、推測するという積極的な行動であり、聞き手は話し手から送られる情報に積極的に参加しようとしているのであるが、これは、聞き手の頭の中だけで行われ

第1章　対話的コミュニケーションの特徴　15

ることもあれば、聞き手の反応として話し手にもわかる形で表される
場合もある。(pp.37-38)

さらに、聞き手の能動的な役割を表現するものには非言語的な笑いやうな
ずき、言語的に反応したものとして「あいづち・予測・省略の復元」の3
つが重要であることを指摘している。

　本論では、受動的と受けとめられがちであった聞き手の能動性に着目し
た。そして、「省察・改善」ができる自覚（西尾）をもち、「批判的に」（高
橋・大熊）「返答をはらむ理解を通して」「言葉を補足し応用し」（バフチン）、
自己を客観視するモニタリング（山元）ができる聞き手、さらに「反応を
表現する」（堀口）聞き手を「能動的な聞き手」と定義する。そして、聞
き手の能動性は対話的コミュニケーションの研究の重要な視点であること
を確認し、本書では能動的な聞き手の視点から対話的コミュニケーション
について考察していくこととする。

第3節　「聞くこと」の能力

　本節では「聞くこと」の能力を設定し整理する。「聞くこと」の能力は〈内
容を理解する力・反応する力・聞きとり過程を意識する力・聞く態度〉の
4つである。

1　内容を理解する力

　正しく、確実に理解することが聞くことの第一義である。筆者のとらえ
る「内容を理解する力」は、安居總子の「確実にきく（聴取聴解）力」、堀
裕嗣の「要約聴取」力・「情報聴取」力、山元悦子の「対話運用力の聴解力」
に相当する。安居（2002）は、次のように述べている。

　　「伝え合い」の学習指導では、学習材・学習材化が難しいし、授業設
　　計そのものも難しい。話し手以外はすべて聞き手であるという条件だ

から、「きく力」をつけていないと対話に発展もしない。（特に「きく力」
をとらえるのは難しいから、それをどのようにしてとらえ見えるようにし
て評価につなげるか、授業設計段階での課題ではあるが）「確実にきく（聴
取聴解）力」をつけることが先ず望まれる。（p.3）

安居は、聞くことの基本的な力として位置づけている。堀ら（2002）は次
のように述べている。

「要約聴取」の指導
これは、ごく一般的な「聞くこと」を想定して、話し手の話の内容を
まるごと聞き取ることを意味する。「まるごと聞き取る」といっても、
多くの実践に見られるような話し手の話をまるごとくり返す「再話」
を目的としてものではない。現実には、話し手の話をそのまま「再話
する」などということはあり得ない。しかし、話の内容を〈要約〉し
て第三者に説明してあげる、という機会はかなり多い。そこで、でき
るだけ話し手の見解を曲解することなく話の内容を〈要約〉して第三
者に伝えるにはどういった聞き方が必要か、こういった観点の聞き方
を指している。
「情報聴取」の指導
これは、様々な聞く場面において、聞き手がその話の中から自分の必
要な〈情報〉だけを取り出して聞き取る、ということを想定した聞き
方である。つまり、まるごと聞くのではなく、ピンポイント的に聞き
取るのである。わかりやすい例を挙げると、電車に乗っているときに
放送で流れる次の駅の連絡列車のホーム番号と発車時刻について、た
くさんの情報の中から自分の乗る連絡列車についてのみ〈情報〉を聞
き取るというようなタイプの聞き方だ。あるいは、修学旅行の部屋番
号の発表において、全員の部屋番号が伝えられる中で自分の部屋番号
だけを聞き取るような場合である。こうした聞きとり方を指した概念
である。かなり能動的な聞き方といえる。（p.30）

第1章　対話的コミュニケーションの特徴　　17

堀らは、「まるごと聞くこと」「ピンポイントで聞くこと」と説明している。山元（2002）は、まず相手の発話の「表意の理解」をし、認知された状況から「推意の理解」へと進むと理解のプロセスをとらえている。発話の言葉通りの理解と、言外の意味の理解を含めた聴取能力である。筆者は、内容を理解する力は安居のいうように基本的な力であると考える。コミュニケーションを伝達と考えたとき一番求められる力であるが、双方向の対話的コミュニケーションでも基礎となる聞く力である。

2　反応する力

「反応する力」とは、安居の「きいて即座に自分が反応する力―話し手の話を聴解して自分の考えを導き出し相手に返す力」、村松の「応じる技能」に相当する。大石（1958）は、聞く力は受容したことを応答の表現として伝えることが大事だとし次のように述べている。

> 対話においてはすでに述べたように、話す力と聞く力とは裏づけあっているものでなければならない。対話の成立のためには、相互が話す力と聞く力をひとしく持ちあうことによって均衡が保たれなければならない。そこでとくに今対話における聞くことについて考えてみれば、受容の表明としての応答の表現の重要性を指摘する必要がある。応答のしかたが相手の話の進行に大きく影響する。相づちの打ち方等を問題にしてじょうずな聞き方ということが説かれたりするわけである。「話しじょうずは聞きじょうず」というのはやはりこのことであろう。（p.204）

安居（2002）は次のように述べている。

> 次に、コミュニケーション力の一つとして、「きいて即座に自分が反応する力―話し手の話を聴解して自分の考えを導き出し相手に返す力」を身につけることである。話し手の話をきいて反応するスタイル

（パターンはいくつかあるので、「相手に話をつなげていくための話し出しの型」を「手引き」で示して、学習者に供する）を身につけることである。これは、読みの学習でも行えるから、対象に対しての反応スタイルを身につけさせる訓練は両面で行いたい。(p.3)

村松（2001）は、次のように応じる力について述べている。

　対話を対話たらしめる最大のポイントは、相手のことばを受けて返すその返し方である。筆者はそれを「応じる」（リアクション）力と呼んでいる。（中略）この応じることばの役割はこれまでの音声言語教育の中で決して十分に理解されてきたとは言えない。どうしたら対話を活性化させ深める応じ方ができるか。発達に沿って応じることばをどう系列的に記述するか、対話教育の最大の課題である。(pp.47-48)

村松は対話の中で最も重要な力であるとし、小学校低学年・中学年・高学年ごとにこの能力をまとめている。村松（2001）を元に筆者が整理し表1に示す。

表1　応じる力　村松（2001）

	低学年	中学年	高学年
応じる力	分からないことをたずねる	理由や根拠をたずねる	相手の発言内容を一般化する
	くわしく知りたいことをたずねる	自分の表現で言い換える	相手の発言内容をくわしく述べなおす
	大事だと思った点を確かめる	まとめたり補足したりする	相手の発言のあいまいな点を明確にする
	相手や自分がことばにつまってもあわてず待つ	相手の考えを取り入れつつ自分の考えをのべる	相手の発言に自分の経験などをつけ加えて拡張する
	感心し、驚いた気持ちは、表情や態度、ことばで表す	不同意、反対の意見を表せる	話を転換し、違った視点を打ち出す
	話されたことと関連した情報があれば積極的に提供する		

大石は応答としてのあいづちを例にあげ、安居は反応にはいくつかのパターンがあることを指摘している。さらに、村松は反応する力を「応じる力」として具体化している。上記のような能力の具体化は、東京都小学校国語教育研究会の聞く話す部会で長く研究されており、この力を「受けて返す力」と名付けている。

　そこで、筆者は反応する力を「聞き手の役割」として「あいづち」「くり返し」「つなげ」「予測」の4つの観点からとらえることを提案する。なぜならこの観点が反応する力として子どもに示しやすく理解しやすいと考えるからである。

　「あいづち」「くり返し」「つなげ」「予測」について、堀口の論を中心に以下に整理する。

2.1　あいづち

　堀口（1997）はあいづち詞を「はい」「ええ」「ん」「そう」「ほんと」「なるほど」「そうですか」などとし、あいづちの特徴を次の4点とする。

① あいづちが出現する位置は、話し手の発話権の中である。
② あいづちを行使するのは、聞き手である。
③ あいづちの機能は、聞いているということを伝える、わかったということを伝える、話の進行を助けるなどである。
④ あいづちを表す言語形式は短い。(p.41)

メイナード（1992）はあいづちの機能を次の5点とする。

① 続けてというシグナル
② 内容理解を示す表現
③ 相手の意見・考え方に賛成の意思表示をする表現
④ 感情を強く出す表現
⑤ 情報の追加、訂正、要求などをする表現　　(p.160)

2.2 くり返し

堀口（1997）は「相手の発話を繰り返すということは、相手の話を聞いているということの表れであるから、これも機能的にはあいづちと考えられる」と位置づけている。例えば「残念ながらないなー。」「ないですよね。」や「カワウが飛んでたんですよ。」「カワウが飛んでた。」を発話例として挙げている。筆者は、あいづち以外にもくり返しを用いる場合があることから、あいづちとは別に「くり返し」という分類を設けることとする。

中田（1992）は「他者の発話のくり返しには相互作用的性格の強いはたらき」があるとして、くり返しの型を次の6つとする。

① 再現型（ほぼ同じ形でくり返す）
② 一部変更型（多少の変更を加えてのくり返し）
③ 補足型（くり返す際に何かを付け足す）
④ 言い換え型（意味を保持して言葉を言い換える）
⑤ 要約型（内容をまとめた形でくり返す）
⑥ 対句型（p.160）

2.3 つなげ

堀口（1997）は、「同じ年に入ったんですけど。」「同期生。」のような言いかえ表現もあいづちにふくむと考え、次のように述べている。

> 言い換えるということは、話し手の発話の内容を聞き手が自分のことばで再現することで、聞き手が用いる語句は話し手の発話に用いられたものと異なるが、内容は繰り返しになっているわけである。内容をくり返すと言うことは、相手の発話を聞いている、あるいは理解しているということの表れであるから、これも機能的にはあいづちと考えられる。（p.68）

筆者は言いかえは、他者の発話からつなげるはたらきがあると考え「つ

なげ」という分類を設けることとする。

　さらに、相手が言わなくてもわかると思って省略している場合「僕は鳥をね、あの、見るよりも、ほんとうは聞く方が好きなんですよね。」「声を。」や「鳩は海岸の倉庫近くとかね。」「いっぱいいますね。」の省略要素の補充も「つなげ」のはたらきがあると考え、このカテゴリーに含むこととする。

　佐久間・杉戸・半澤（1997）では、省略の復元によって「談話の話し手と聞き手が融合しつつ一つの発言をつくりあげたり、ことばの意味内容がふくらみをもったり、あるいは話の内容がより効果的に印象づけられたりする」とする。聞き手の能動性が求められているのである。

2.4　予測

　堀口（1997）は、「原さんが船の上に立ってるシーンでね。」「見とれてたんでしょう。」や「敏感ということと友だちにとけ込めないっていうことは、」「関係ないですか。」と相手の発話の意味がはっきりしないとき確かめ、省略表現の確認をするはたらきとする。予測には先取りあいづちと先取り発話の2種類があると位置づけている。筆者は、堀口のいう先取りあいづちはあいづちの仲間とし、先取り発話を予測と位置付ける。

　以上「聞き手の役割」をしめす4つの反応する力は大変具体的であり、子どもにも理解しやすい分類であり、国語科教育の聞くことの能力として位置付ける価値があると考える。

3　聞きとり過程を意識する力

　「聞きとり過程を意識する力」は、自分がどのように聞いているのか、聞いて考えている自分を認識する力である。しかし、この力について言及している論者は多いとはいえない。

　西尾（1975c）は、聞く行為のしかたや方法を反省し観察することが効果的な学習であるという。

　　　聞くことの対象は何であるか、聞くという行為のしかた、すなわち方

法はどうあるべきであるか、それをあらためて反省し、観察すること
によって、聞くことの学習が、はじめて効果的に行われるのではある
まいか。(p.150)

　山元の「対話に関する認識や方略的知識」力のなかの聞くことに特化し
た力と位置づけている。堀ら (2002) の「批判的聴取」力をふくむもので
あるが、批判的に聞くことだけでなく、自分自身がどのように聞いている
かを意識する力と考える。また、田中 (1994) の「話し手の意図を聞く」「自
己を聞く」に通じる力といえよう。山元 (2002) は、この能力を「話し合
う力の知識的側面」として次のように述べている。

　これは、話し合いについての手続き的知識や、話し合いの形態につい
　ての知識、話し合うための発言のし方等、人の記憶の中に蓄えられた
　話し合いの方法知の集積を指す。経験によって蓄積されたり、又は学
　習によって意図的に蓄積されていくものである。(p.60)

　倉澤 (1989b) は聞きとり過程における意識反応として10項目を挙げ、
それぞれのタイプを理解して学習を行うことを示唆する。聞く過程の瞬間
瞬間における意識のはたらかせ方を高めていくことで聞く力を身に付ける
ことができると考えたのである。

　意識反応のタイプを次のように分類した。
①認知型（話の内容を関係づけたり、事実を確認したりするタイプ）
②肯定型（話の内容に共鳴を示したり、肯定的に判断したりするタイプ）
③疑問型（話の内容に疑問をもったり、質問的に問い返したりするタイプ）
④批判型（話の内容や形式に対し、批判したり、否定的に判断したりする
　タイプ）
⑤類推型（話の内容から先を類推したり、推理したりするタイプ）
⑥想像型（話の内容から予想をしたり、場面を想像したり、情景をイメー

第1章　対話的コミュニケーションの特徴　23

ジに描いたりするタイプ)

⑦連想型(話の内容から連想をしたり、過去の経験を想起したりするタイプ)

⑧解決型(話の内容に対し、問題を持っては解決していく自問自答の思考をするタイプ)

⑨反省型(話の内容や形式に対して、自分を比較し反省していくタイプ)

⑩志向型(話の内容や形式に対して、願望や要求を起こしたり、意欲的に行動に示そうとしたりするタイプ)(pp.161-164)

筆者は、倉澤の分類した10の意識反応の型のうち自分はどのような型で聞いているのか自覚する力が「聞きとり過程を意識する力」であると考える。例えば、内容に賛成であり「もっともな話だ。」と②の肯定型で聞いているときに、同時に「自分はこの話に対して批判したり疑問をもったりすることなく肯定的に聞いている」と自覚することだ。いうなれば聞いている自分自身をメタ認知する力といえるだろう。

4　聞く態度

「聞く態度」について、山元(2002)は「コミュニケーションへの意欲」と名付けている。山元(2002)では「話し合う力の情意的側面」として次のように述べている。

　話し合いの参加者の参加時の心構えといった側面である。人とコミュニケーションを取るときのその人の基本的姿勢とでもいうものである。具体的にいえば人とコミュニケーションすることへの期待や意欲、話し合いにおける積極的参加態度、人とコミュニケーションを取ることについての信念等である。このような情意面を育てることは話し合いに臨むときの基盤作りとして不可欠なものである。(p.60)

堀ら(2002)は次のように述べている。

「傾聴態度」の指導

　これは「聞くこと」においてすべての基礎となる。話し手の意図に即して聞くための態度的な指導である。私が本章で批判した「おしゃべりしないで聞く」「姿勢よく聞く」「耳と目とこころで聞く」といった観点もここに含まれることになる。しかし、私たちは、「態度」といえども指導事項を明らかにしなければ、現場での授業づくりができない、と考えている。したがって、「聞く態度」の指導事項として〈態度面のスキル〉を提案したい。（p.30）

安居（2002）は次のように述べている。

　第三に、身体感覚としての「きく態度」づくりだ。つまり、耳だけで聞くのではない。<u>身体できく</u>のである。話し手の目（視線）、表情を見てきく、話し手の方に身体を向けて（近くに寄って、よそを見ないで……）きく。当然、話し手も聞き手の方を向き、視線を投げかけ、おだやかな落ち着いた表情で……。これはプレゼンテーションの基本姿勢である。話し手もそうだが、きき手としても身につけるべきコミュニケーションの姿勢である。（p.3）

　以上の知見から、聞く態度を単に姿勢よく聞くことや黙って聞くことという規範的態度だけでなく、「聞くことそのものへの意欲的態度」と考える。聞くことを意識的に言語生活に位置付けていく態度である。

第4節　対話的コミュニケーションの分析方法

　本節では、対話的コミュニケーションの特徴を明らかにする方法として談話分析の有効性を述べ、本書で用いる分析方法を設定する。

　まず、相互作用をヴィゴツキーの発達の最近接領域から見直し、本論文での「相互作用」の意味を明らかにする。次に、談話研究から教育実践の

相互作用を検討し、授業分析を試みている先行研究を整理する。そして、国語科教育の教育実践を談話分析により検討している先行研究を整理する。それを受けて、本書で用いる談話分析の方法を提示する。

1　ヴィゴツキーの発達の最近接領域からみる相互作用

　本書では、相互作用は単に一方向的な作用の交替ではなく双方向的であり、垂直的ではなく水平的なものとして考える。その根拠として本項でヴィゴツキーの発達の最近接領域を見直し検討する。ZPD（Zone of Proximal Development）は発達の最近接領域あるいは発達の最近接領域と訳されている。ヴィゴツキー（1956/2001）では、発達の最近接領域について次のように説明されている。

　　二人の子どもの知能年齢を調べ、二人が同じように八歳だったと仮定しよう。だが、それにとどまらず、この二人の子どもが自分で自主的に解くことのできない、その後の年齢の問題を、彼らに教示、誘導質問、解答のヒントを与えながら行わせたときに、どのように解くかを明らかにしようと試みるならば、かれらのうち一人は共同のなかで助けられ、指示にしたがいながら、十二歳までの問題を解くのに、他の子どもは九歳までの問題しか解かないということがある。この知能年齢、あるいは自主的に解答する問題によって決定される現下の発達水準と、子どもが非自主的に共同のなかで問題を解く場合に到達する水準の間の相違が、子どもの発達の最近接領域を決定する。(p.298)

　発達の最近接領域は、熟達度の異なる大人（教師）と子どもの関係、あるいは教育と発達の関係に限定されて考えられてきた。絶対的に熟達した指導者からの一方的なはたらきかけの効果の領域として発達の最近接領域はあると考えられていたのである。しかし、近年多くの研究者がヴィゴツキーの発達の最近接領域を見直し、考え方をとらえ直して各分野の研究に取り入れている。

高木（2003）は、「内的論理（internal design）」の接触と相互振動の過程が発達の最近接領域の相互作用の基本的構図であると指摘している。上記のヴィゴツキーの発達の最近接領域の引用部分をさして次のように述べている。

　　この定義は発達と教授との関係を内的論理の接触として捉える一連の議論の直後に示される。これは重要な事実である。VygotskyはZPDにおける相互作用の基本構図を内的論理の接触と相互振動の過程として理解していたと推測できる。ここでいう「共同」「指示」とはすなわち教授であり、それ自体が特定の内的論理をもつ。これがやはり独自の内的論理をもつ子どもの心的システムに接触することで発達可能性としてのZPDが可視化される。(p.63)

　つまり一方的に教授する大人が誘導、ヒントを行うことによって、子どもがある発達水準まで到達すると考えるのではなく、子ども自身も独自の内的論理があり、子どもの内的論理と教授者の内的論理とがうまく「共同」したときに学習は成立し、異なる発達水準にまで到達するのである。そこでは、一方的な教授はあり得ず、相互に影響し合う関係が成立する。高木は発達の最近接領域とは共に作り上げる（共同する）zoneであるという。

　佐藤（1995）は、発達の最近接領域を学習と発達の関係としてとらえ、学習過程における「社会」と「自己」との関係論的把握を提示する概念であるとしている。

　　「発達の最近接領域」は、ヴィゴツキーにおいて、学校教育の固有性を示す「科学的概念の教育」と「教育の主導性」を主張する意図だけで提示されたわけではない。それは、学習の活動的性格と関係論的理解を主張する概念であり、言葉の「内的な意味（meaning）」（科学的概念）が機能する「対人関係（interpersonal relations）」と言葉の「感覚的な意味（sense）」（自発的概念）が機能する「自己内関係（intrapersonal relations)」との間に広がる学習の可能性を示す概念であった。ここで、「対人関係」で機能する「内容的な意味」は、文脈を越えた一般的な意味を構成するのに対して、「自己内関係」で生成する「感覚的な意味」は、特定の具体的対象との指示関係（リファレンス）を構成するものとされている。この二つの異なる次元の「意味」を区別し関係づけることによって、ヴィゴツキーは、言葉という「心理学的道具」を使用する人間の学習が、まず最初に「対人関係」の社会的過程において成立し、その次に「自己内関係」の心理的過程へと展開することを示していた。「発達の最近接領域」は、人間の学習の社会的性格を主張する概念なのであり、学習過程における「社会」と「自己」との関係論的把握を提示する概念であった。(p.62)

　佐藤学は社会的な人とのつながりの過程で学習が成立し、ついで内なる自己の学びが生まれると考えている。そしてその学びの可能性を示すのが発達の最近接領域であるというのである。
　佐藤公治 (1999) は、発達の最近接領域は大人との垂直的な相互作用に限定しているのではなく水平的相互作用であるという立場から、熟達度の等しい仲間との対話的活動も加えるべきであると主張する。

　　私たちは、この「最近接発達領域論」のゾーンの中には親や教師の教育的働きかけばかりでなく、本人からの働きかけも含めた仲間との相互作用的な活動や、まわりの社会・文化的なシステムといったものをも含めた外的諸変数が入ってくること、さらに、この外的諸変数に支えられて展開する認知的実践の活動や知識・能力が内化され、発達となって出現していく過程を同時に扱ったものであるととらえるべきなのである。しかも、一方的に教育を受け取るだけでなく、相互作用の過程を通して逆に最近接領域を形成・提供するという役割を子どもに見いだすことができるのである。このように考えると、相互作用的視点から「最近接発達領域」の概念を拡張していくという課題が出てく

ることになる。(p.25)

　ヴィゴツキーは、最近接発達領域を形成していくものとして大人からの教育的働きかけや大人との垂直的な相互作用だけに限定しているのではなく、発達を促進するような形で関わっている子どもとの間の共同作業、つまり水平的相互作用というものを含めていたと考えることができる。(p.35)

　佐藤公治は、仲間との双方向のかかわりあいが学びを形成し、仲間との学び合いの領域も発達の最近接領域と考えている。

　本書では相互作用とは、教師と子どもであっても、子ども同士であっても、また自分の中にある異質な他者とであっても水平的に双方向に影響し合い、影響を与え合うかかわりととらえる。そして学びの中で相互作用がおこる領域を発達の最近接領域と考え、相互作用によって発達の最近接領域が形成される相互依存的な関係とする。対話的コミュニケーションを相互作用過程から研究することは、子どもの学びが社会的にも内的にも成立する過程を検証することになり、さらに子ども自身が学びを広げる可能性を探ることができると考える。

　以上述べた水平的相互作用の視点で発達の最近接領域をとらえているワーチ（1998/2002）が、ヘレンコールの実践例として、子ども同士の水平的相互作用を紹介している。ヘレンコールは4年生の理科の授業のもののつり合いについての授業で、導入段階での説明、小集団の活動、クラス全体で結果を報告し合う活動を行った。実験群では相談や発表の段階で「聞き手の役割」をそれぞれ割り振られた。「聞き手の役割」を課せられた生徒には、予想し理論化するためにグループの報告をチェックする、発見したことを要約する、あるいはグループの予想と結果の関係についてレポーターがきちんと議論をしたかどうかを判断するという三つの役割が別々に与えられた。実験群では「聞き手の役割」を課したことにより相互作用が変化したことを具体的な授業の分析から次のように述べている。

第1章　対話的コミュニケーションの特徴　　29

要約すると、参加と活動の形態は二つの組では著しく異なっていたのである。一組では、グループのレポーターと教師との間で交わされる相互作用であったものが、二組では教師だけでなく生徒が一緒になってレポーターと相互行為することでしめられていた。したがって、二組に与えられた聞き手の役割を取ることは重要な文化的道具、つまり公的な討論の場で他者に質問を出していくことを自分たちのものにしていく（appropriate）ことが促進されることになった。このように、聞き手の役割を取ることは、学校で科学的な推論をうまく展開していくことに関連する文化的道具の習得ばかりでなく、専用についてもそれを促進していく上では効果的であるようだ。

　ヘレンコールの研究からは、相互教授の研究の分析結果と同様、習得と専有についていくつかの興味深い問題がでてくる。両方の研究は典型的なアカデミックな談話とは違う方法で、生徒がテクストや他者たちと対話的に向き合っていくことが可能なことを明らかにしている。さらに、二つの研究では、このような活動に一貫して、かつ確信を持って生徒が加わっていくためには何回かのセッションを用いればよいことが示されている。媒介された行為の観点からすると、それはどちらの場合も生徒はまさに精神面の平面（例えば、教師によるモデリングやコーチング）で外側からの援助や「足場作り」を継続的に続けないでも文化的道具を使うことができるようになったことを意味している。（p.151）

　ワーチは子ども同士の水平的相互作用の重要性を実験結果から指摘しているのである。ここで特に注目したいのは、「聞き手の役割」を導入したことによって、相互作用が活性化したことである。相互作用を水平的にとらえることと同時に、「聞き手の役割」が相互作用の重要なポイントであることは、本研究で対話的コミュニケーションの視点として「子ども同士の対話の聞き手」に注目したことの妥当性を裏付けるものである。

2　談話分析による相互作用分析

　談話分析（discourse analysis）は、橋内（1999）によると、1960年代から1970年代の初めにかけて、言語学とその隣接科学（哲学、心理学、社会学、文化人類学、人工知能の研究など）における言語コミュニケーションの研究から生まれた。談話やコンテクストに注目する必要について、茂呂（1997）は次のように述べている。

> 　私たちは実際にどのようにしてことばをあやつるのか。どのようにすることが場面にふさわしいことなのか。どのようにやりとりすることが、その人物らしいことなのか。どのようにして他の参加者と言葉を交わしあえば、その場に仲間入りできるのか。このようなことを記述し明らかにするには、言語そのものを取りだしてもはじまらない。従来注目されてきた音声・語・構文といった言語の諸側面の他に、多数の複合的な側面を考慮に入れなければならない。ポーズ（発話の中途での停止）、さまざまな音声の変化、言いよどみ、言いさし。視線の接触および解離、さまざまな身振り、身体の向きや複数の参加者の身体の位置関係。その場の空間的な構造、使われる道具、さまざまな通信機器。談話とは、このようなものを含む、複合的、全体的な現象を指している。これがコンテクストである。(p.5)

　茂呂・小高（1993）は、日本語談話研究の現状を展望し、「ことばによるコミュニケーションの現実的な現象あるいは現実的な単位」によって「どのような社会的関係が創り出され維持されるのかといった側面、その社会関係の中にあって談話を使用するときに使用者にどのような知的営みが展開されるのか、談話の参加者の間でどのような人間関係作りが進行するのか、といった多面的な理解」が必要だとし教育研究への方向性を示唆している。そして、取り上げる4つの研究領域のうちの「心理・認知研究領域」のカテゴリーを「教室コミュニケーションの類型」「認知プロトコル研究」「状況論的談話研究」の3つの流れに分類し、教室での教師と子どもの相

第1章　対話的コミュニケーションの特徴　31

互作用を見る研究や授業分析から子どもの思考過程を明らかにする研究を紹介している。談話研究が教室のコミュニケーションの相互作用を分析する方法として広がりを見せていることがわかる。

近年の談話研究による国語科授業分析の研究として有元秀文と迎勝彦らの分析をみてみよう。

有元（1999）は、授業の記録から、教師のどのような指導によって討論の授業が創造されるのかを明らかにすることを試みている。研究の方法を以下のように述べている。

①「活発な討論」が行われたと思われる授業を観察しビデオ収録する。
②授業中のすべての会話を文字化し、非言語の動作も記述し会話記録を作成する。
③会話記録について、それぞれの発言の性質を表す情報を加え、パソコンデータベース化する。
④データベースを活用して、次の2点について会話記録を分類して考察する。
・「活発な討論の授業」が創造されているか。
・どのような「指導の技術」を用いているのか。(p.16)

子どもたちの発言の特徴を量的に把握し、「発話の特徴が同意や共感、確認や根拠を求める質問、批判や反論によって活発な討論が行われた」ことと、「教師は、基本的な事項について明確に指導し、反復や要約によって子どもの発言を理解し、共感によって子どもを勇気づけ、確認し根拠を求めることによって発言を明確化している」と分析している。

迎ら（2001）は、授業を精密・客観的に記録し分析した結果を、次の授業構築に生かしていくことが授業分析の目的であるとし、談話分析に基づく量的な分析手法を検討して次のように述べている。

本研究では、学習活動時における学習者の個々の発話の発言頻度を計

量的に測定し、談話の展開過程において、発話の諸機能がどのように発現しているのかを分析的に捉え、併せて当該場面の状況的解釈を質的に行うことをねらいとする。そのため、本発表ではまず一連の作業を談話分析の手法を応用することにより行うことにしたい。談話分析を援用することにより、表面に現れた言語情報を範疇化することで授業中に生起する個々の現象を整理し、言語的な側面からの計量的な分析を行おうとするのである。(p.85)

発話間の関係がもたらす効果を38のカテゴリーに分け、学習者相互におけるコミュニケーション過程を量的に分析している。さらに「相互作用を通した学習者の認識の変容とその作用因の特定を質的に分析」することの必要性にもふれている。

　有元・迎らの提案は、発言やコミュニケーション過程をデータベース化することによって国語科教育の授業を量的に分析・考察し、研究のねらいに迫ろうとするものとして意義深い。同時に、談話分析によるコミュニケーション過程の研究の有効性をものがたるものである。

3　国語科教育における発話機能からの相互作用分析の研究

　教室の対話的コミュニケーションが国語の学習として有効となり得ているかを、談話分析によって検討している山元悦子、藤井知弘の先行研究を概観する。

　山元（1996a）は、中田（1991）やザトラウスキー（1991）の発話機能の分類を「発話特性を明らかにしていくことは理にかなっているアプローチである」と肯定しながら、「しかし、両者のアプローチは個々の発話の機能を明らかにする事にあり、発話を『行為』として見るときに一番注目されるべき点－なぜその発話がなされたかの説明、即ち発話が駆動するシステム－は問題にされていない。」として、次のように述べている。

　本稿ではこの点を明らかにするために、「対話」を目的・場・相手を

ポイントとするダイナミズムの中で過程的展開的に捉え、その発話が産出された必然性－発話の駆動システム－を説明することをねらいとしている。そのためのアプローチとして、システムを動かす「力」を想定してみたい。(pp.29-30)

そして対話展開を分析する単位を独自に「発話」「隣接対」「話段」を設定し特徴を分析している。さらに山元（1996b）では、中田（1991）、ザトラウスキー（1991）を参考にして表2のような独自の発話機能の分析カテゴリーを提案し分析している。

表2　発話機能の分析カテゴリー課題　山元（1996b, pp.41-42）

<table>
<tr><td rowspan="8">課題内容発話</td><td rowspan="6">内容に関する発話</td><td>対課題発話</td><td>課題の確認・課題の分析・発案</td></tr>
<tr><td rowspan="4">対相手発話</td><td>〈問い尋ね系列〉呼びかけ・問い返し・念押し・表意の確認・推意の確認・情報要求・同意要求</td></tr>
<tr><td>〈受け答え系列〉繰り返し・言い換え・情報提供・応答・同意・否定・補足・意味づけ</td></tr>
<tr><td>〈統合系列〉説明・結合・習性・富化</td></tr>
<tr><td>対自己発話</td><td>検索・過去の経験の想起・言い直し・自己発話の評価</td></tr>
<tr><td rowspan="2">展開に関する発話</td><td>進行</td><td>プランニング・時間・転換・方針確認・進行要求・集約・終結する発話発表を意識した段取り・発表を意識した結論の復唱発表を意識した整理・記録指示</td></tr>
<tr><td>態度</td><td>満足・意欲・不満・放棄</td></tr>
<tr><td colspan="2">間投詞</td><td></td></tr>
<tr><td rowspan="2">課題外発話</td><td colspan="2">連想的逸脱</td><td>（発話内容に刺激を受けて、課題解決という目的からそれていった発話）</td></tr>
<tr><td colspan="2">完全逸脱</td><td>（雑談・歌）</td></tr>
<tr><td colspan="3">意味不明</td><td></td></tr>
</table>

　このカテゴリーは、山元（1995）で重要性を指摘した「なぜその発話がなされたかの説明．即ち発話が駆動するシステム」を明らかにしている。子どもの発話が内容に対して発せられたのか、展開に対して発せられたのか、さらに内容に対して発せられたとしたら課題内容に対してだったのか、他者の発話の内容に対してだったのか、自分自身に対してだったのかを見ることができる。

藤井（1998）は、読書材を巡って対話による感想交流場面から「初発の感想」「対話において話そうと準備されたこと」「実際の発話」を取り上げ、「発話の単位をどのように設定し、それでどのような機能をあてはめるかについては、現状では共通の理解がえられていない」として、ザトラウスキー（1993）の分類項目を用いている。しかし、対話の中でどのように個々の読みは生成・変容していくかを明らかにするためには、「発話機能」だけでは不十分なために「反応の焦点」「反応行為」という2つの分析の単位を別に設定して分析している。

　山元、藤井の両者に共通しているのは、従来の発話機能だけでは対話的コミュニケーションを分析できないという必要性から独自の分析の視点や項目を導入していることである。山元や藤井が指摘したように、従来の発話機能の分類は言語学の知見による構造的・機能的な分析視点である。筆者も、国語科教育での対話的コミュニケーションを分析するには不十分と考える。

　ここで注目したいのは、新たな分析項目を提案した熊谷（1997）である。熊谷はことばによるはたらきかけのやりとりの特徴の束として発話をとらえることを提案している。

　「対人相互作用としての会話は、『ことばによるはたらきかけのやりとり』ととらえることができる。個々の発話は相手へのはたらきかけの実現であり、発話のやりとりが連なっていくところに相互作用が展開される」と定義づけた上で、「会話を分析する一つの手段として、まず会話を構成する個々の発話がもつはたらきかけの内容、すなわち機能を多角的に考察し、その機能分析の結果をもとに、発話の連なりとして会話を再構築し、分析する方法を提案」している。熊谷はこれまでの発話機能の分析項目の問題点を改善するために、「ここでは行為の種類だけでなく、話し手の表出姿勢、話し手・聞き手および両者の関係、やりとりの流れにおける位置づけなど、複数の側面について発話を考察し、それによって求められた機能的特徴の総合、いわば特徴の束として発話機能をとらえる」として、3つのカテゴリーの下に12の項目を設定した。加えて、日本語の動詞・連語181種を分

析した結果得た観点にもとづき、表3に示した通りさらに詳細な57の下位
項目が設けられている。

表3　発話機能　熊谷（1997, pp.28-29）

発話内容・発話姿勢	行為的機能	情報要求	相手に情報の提供を求める
		行為要求	相手の行動を促す
		注目要求	相手の注意・注目を喚起する
		陳述・表出	情報内容を述べる
		注目表示	相手の言葉、何等かの存在などを認識したことを示す
		関係作り	出会い、感謝、などの挨拶、決まり文句の類
		宣言	しかるべき権威を備えた人物による状況決定的効力をもった発話
	相手へのはたらきかけの姿勢	操作的	行動を誘発するなど、相手を動かそうとする
		教示・伝達的	相手に情報を与えようとする
		非教示的	情報を明確に出さない、伝えない
		教示要求的	相手に情報用提供を求める
		自己拘束的	約束・申し出など、自分の未来の行動を限定する
		攻撃的	強硬な攻めの態度をとる
		共感的	興味、同情、感銘など、感情移入の態度を示す
		共感要求的	相手の共感を誘おうとする
		感情調整的	興奮、怒りなど、相手の感情の揺れを静める
		肯定的	相手への肯定的評価の態度を示す
		否定的	相手への否定的評価の態度を示す
		均衡回復的	謙遜、おせじなどによって生じた一次的立場不均衡を軽減する
		評価表明的	何らかの評価・価値判断などを表明する
		交話的	ことばをかわすこと自体で関係づくりをおこなう
		特に顕著なはたらきかけの姿勢は特定できないもの	
	話題・内容に対する話し手の評価・態度	肯定的	話題・内容をよいこと、好ましいこととして評価
		否定的	話題・内容をよいこと、好ましくないこととして評価

発話内容・発話姿勢	同調性	同調的	主張に賛成する、頼みを承諾するなど、相手の向けてきた流れに乗る
		非同調的	主張に反対する、頼みを断るなど、相手の向けてきた流れに逆らう
		保留	同調・非同調を表明する可能性のあるところで態度を保留する
話し手と相手・及び両者の関係	話し手の種類	もともとの話し手	自身の発言としての発話
		見かけの話し手	伝言などを伝える仲介者、代弁者、口真似、など
	発話の受け手の種類	マトモの聞き手	特定の人物に発話が直接向けられた場合
		マトモおよびワキの聞き手	その場にいる他の人物への「聞かせ」も含む
		不特定多数の聞き手	聴衆など全体への語りかけ
		超越的な聞き手	そろって言う「乾杯」「いただきます」など
		話し手自身	独り言
	話し手と相手との力関係への影響	話し手を上にする／相手を下にする	
		相手を上にする／話し手を下にする	
	話し手と相手との親疎関係	より親にする	
		より疎にする	
会話の流れの構成	発話のきっかけ	自発的	特定の発話やできごとへの反応でない発話の場合
		事態の推移	できごと、事物、参加者の動作・行為、など
		自分に向けられた他者の発話	
		自分に向けられたのでない他者の発話	
		話し手自身の発話	
	発話のうけわたし	マトモの応答	自分に向けられた発話に対し、その発話者に
		横わたし	自分に向けられた発話に対し、その発話者以外の発話者に
		わりこみ	自分に向けられた発話以外のきっかけで、進行中のやりとりに参入

会話の流れの構成		横どり	自分に向けられた発話以外のきっかけで、その発話者以外の発話者に
	発話のうけつぎ	規則的	受けるべき相手の発話を受けてやる相手の発話を無視する
		変則的	
	談話構成上のはたらき	談話の開始	
		談話の再開	いったんとぎれていた談話を再び始める
		談話の終結	一次的にその場を離れるなどで談話をやめる
		談話の中断	
		話題の開始	
		話題の再開	
		話題の終結	
		話題の中断	

　この分析項目は、一つの発話を切り取って機能としてみるのではなく、前後の文脈の中での意味、姿勢、相互の関係、構成などを多角的に見ていく。この点で筆者は、熊谷の分析項目は対話的コミュニケーションの相互作用をとらえるのに適していると考える。

　熊谷（1997）の分析項目を国語科教育の研究方法に取り入れているのが酒井千春と藤井知弘である。藤井（2003）は、上記の分析項目を修正して教室談話を分析している。項目を簡略化することにより分かりやすくなり、分析の目的に視点を絞ることに成功している。しかし、発話を特徴の束としてみるという観点からみると、簡略化することによって分析の視点が狭められているのは否めない。

　酒井（2000）は〔会話の流れの構成〕について「1枠組みの提示・2枠組みについての疑問・3局所的場面の想起・4評価・枠組みの生成」の4つの下位項目を独自に加え、全体的なシステムをリソースするための発話を明らかにしている。このアプローチにより「話し合い場面の首尾一貫性を維持するために、個人内部の推論が、意図的な行為を通じて、従来の枠組みでは見すごされていた、個人間の調整に関わる能力が働いていること」を明らかにしている。

そこで、本書では熊谷（1997）の分析方法をもとに、全てのカテゴリーに沿って特徴付けを行い、その結果特に顕著な特徴の見られた分類項目について詳しく分析をすることとする。

第5節　対話的コミュニケーションの特徴分析

　本節では、まず、実態調査で記録した子どもの発話資料から対話的コミュニケーションの特徴を分析し、〈あいづち・くり返し・つなげ・予測〉等反応して聞く力のもつ発話機能、〈同調性の連鎖〉による複数の〈沈黙〉の型、発話のきっかけにみえる聞き手の能動性、の3点を検討する。次に、分析結果をもとに対話的コミュニケーションの特徴を、他者と協働して発話を構築し、予測不可能事象に対応できるメタ認知能力を育み、認識の深化を果たすものであることを述べる。

1　特徴分析の目的・方法

　対話的コミュニケーションの特徴を明らかにする目的は、小学校国語科教育の実際の子どもの発話の中に見られる能動的な聞き手の姿を「ことばのはたらきかけのやりとりの特徴の束」として具体的に特徴付けて検討することである。そしてその結果、対話的コミュニケーションが生み出す学びの姿を明らかにすることである。

　分析の手順は、第1に子どもの話し合いの記録から、発話を文字化する。第2に熊谷（1997）の12のカテゴリーについて分類する。第3に分類の結果、能動的な聞き手としての特徴が見られた分類項目に焦点を絞り分析をする。

　発話資料の文字化の方法は、以下の通りである。
・分析の単位は、一人の発話単位1 turnを、発話の機能ごとに分割したmove（熊谷1997）に分け通し番号を付ける。
・moveごとに12の分析項目にどのような特徴が見られたかを特徴付ける。

・moveには「学年（5,6）」「グループ（ABCDEabcde）」「発話者（1-60）の数字で示し〈児〉をつけた」「対話の中でのmoveのNO（1.2.3.......）」の記号・数字を冒頭に付ける。

・沈黙、笑い、発言の促し等の非言語コミュニケーションについては、発話の機能が見られるものを（　）の中に表記し1moveとする。2秒以上の沈黙は（沈黙○秒）として表記する。小数点以下の秒数は切り捨てる。

・語尾の上がりは「？」、文末の下がりは「。」、聞き取れない音声は「（　）」、短い沈黙は「：」で表記する。

・//は、その部分で他者の発話が重なったことを示す。

2　分析対象

　対象は、東京都内公立小学校5学年30名（男子16名　女子14名）6学年31名（男子14名　女子17名）である。日時は2003年9月4日2校時（5学年）、2003年9月5日2校時（6学年）である。内容は指導者である筆者のスピーチ「図書室とマンガ」を聞いて、図書室にマンガの本をおいた方がよいか、おかない方がよいかについて考えをまとめ、3人組で5分間（6学年1グループのみ4人組）で自由に話し合う。前半ABCDEグループ、後半abcdeグループが記録をとる部屋へ移動した。ビデオカメラとカセットテープを各グループに用意し記録した。実態調査のため、「話すこと・聞くこと」についての助言は行わず、質問にのみ答えた。

3　特徴の分析

　発話機能ごとに特徴付けした結果、次の5つの分類項目について特徴が見られた。各分類項目に表出した発話例を表4に示した。

表4　分類項目の発話例

分類項目		表出した発話例
行為的機能		
1	情報要求	6 A42児 1：えっと、どう思ったか聞けばいいの？
2	行為要求	5 c23児 7：おいた方がいいと思う？マンガは？
3	注目要求	6 a45児70：あの、
4	陳述・表出	5 d13児 7：図書室にマンガをおかなくていいと思う。
5	注目表示	6 c57児 4：ふーん
相手へのはたらきかけの姿勢		
1	操作的	5 B27児 3：どうぞ
2	教示・伝達的	6 b43児15：マンガはおかない方がいい。
3	非教示的	5 E28児12：でも、でもさあ
4	教示要求的	6 A49児17：じゃあ、その内容、ちょっと言えよ。
5	自己拘束的	——
6	攻撃的	5 c21児 4：いえ、はやく
7	共感的	6 A44児 6：私もそう思う。
8	共感要求的	6 c35児10：うるさい？//：：そう？//
9	感情調整的	——　発話表出なし
10	肯定的	6 D30児58：いいこというねえ。
11	否定的	5 b22児43：だからいったでしょう、
12	均衡回復的	——
13	評価表明的	6 D30児42：みんなほとんど同じだよね。
14	交話的	——　発話表出なし
0	特に顕著なはたらきかけの姿勢は特定できないもの	——　発話表出なし
同調性		
1	同調的	5 E28児58：ああ、それはありえるね。
2	非同調的	6 c57児24：なんとなくじゃ意見になってないよ。
3	保留	5 A 8児31：ない
発話の受け手の種類		
1	マトモの聞き手	6 C37児39：39児、あった方がいいと思う？
2	マトモおよびワキの聞き手	発話表出なし
3	不特定多数の聞き手	6 b43児96：だから、結論//は、反対ね。反対。
4	超越的な聞き手	発話表出なし
5	話し手自身	6 b43児11：まあ、いいや。
発話のきっかけ		
1	自発的	5 D15児30：じゃあ、週何日かおくか
2	事態の推移	6 D30児42：みんなほとんど同じだよね。
3	自分に向けられた他者の発話	5 B 4児34：よいこと？ってどういう意味？
4	自分に向けられたのでない他者の発話	5 D16児69：かなしいマンガじゃあちょっと//、
5	話し手自身の発話	——　発話表出なし

第1章　対話的コミュニケーションの特徴　41

3.1 あいづち・くり返し

「行為的機能」の〈注目表示〉の発話は、先行発話のことばに注目したことを示し、反応する能力のうちの《あいづち》と《くり返し》を表していることがわかった。さらに、「相手へのはたらきかけの姿勢」と「同調性」「発話の受け手の種類」の組み合わせによって、さまざまな《あいづち》と《くり返し》の機能があることがわかった。これらの発話機能の特徴の束は、能動的な聞き手の姿を見せている部分である。以下で《あいづち》《くり返し》の順に具体的な特徴を述べる。

①あいづち

《あいづち》は、「行為的機能」〈5注目表示〉を示し、「同調性」〈1同調的〉、「発話の受け手の種類」〈1マトモの聞き手〉、「発話のきっかけ」は直前の発話がきっかけになるため〈3自分に向けられた他者の発話〉という特徴を示している。

まず、「相手へのはたらきかけの姿勢」〈7共感的〉の《あいづち》を表5に示した。

表5 あいづち発話1

学年グループ	発話者	発話番号	発話内容	行為的機能	はたらきかけの姿勢	同調性	発話の受け手	発話のきっかけ
5 D	15児	42	理由、とりあえずおくけど？って？	5	4	1	1	3
5 D	10児	43	とりあえずおくけど::// 先生の話だと://	4	2		3	3
5 D	15児	44	//うん　　　　//うん	5	7	1	1	3
5 D	10児	45	前の方は::なんか、悪い機会になったところ// ？	4	8		3	1
5 D	15児	46	//うん	5	7	1	1	3
5 D	10児	47	あとのほうは、いい、まあまあいい機会になっただろ// ？	4	8		3	1
5 D	15児	48	//うん	5	7	1	1	3
5 D		49	（笑い）	5	7	1	1	3
5 D	10児	50	そうだろ？	4	8		3	1
5 D	15児	51	うん（笑い）	5	7	1	1	3

表5では、直前の発話が、「はたらきかけの姿勢」〈8共感要求的〉の時、共感を求められ聞き手があいづちとして共感を返すことによって話が続いている。聞いている合図を送りながら、話し手が話しやすいように導いている聞き手の姿が見える。

次に、「相手へのはたらきかけの姿勢」〈4教示要求的〉の《あいづち》を表6に示した。

表6　あいづち発話2

5 b	18児 86	結論はいった方がいい。	4	2		3	1
5 b	22児 87	え？	5	4	1	1	3
5 b	18児 88	結論はあった方がいいです、マンガは。	4	2		3	1

表6のような《あいづち》は、先行する発話のことばについて確認を求めたり、もう一度言うことを求めたりする場合に用いられる。話し手は、聞き手の《あいづち》を聞いて自分の言い方を訂正する必要を感じ、「いった方がいい」を「あった方がいい」と言い直している。話し手のことばを理解しようとして聞いている聞き手の姿が見える。

②くり返し

《くり返し》は、「行為的機能」〈5注目表示〉を示し、「はたらきかけの姿勢」〈7共感的〉〈4教示要求的〉〈2教示・伝達的〉の3種類の特徴を示している。

まず、「相手へのはたらきかけの姿勢」〈7共感的〉の《くり返し》を表7に示した。

表7　くり返し発話1

6 C	37児 77	歴史のくわしいことのとなりにマンガがちょこっと //：：：//あってもいいかもしんない	4	2		3	1
6 C	38児 78	//ちょこ//っと（笑い）	5	7	1	1	3

表7は、表5に示した《あいづち》とほぼ同じはたらきをしている。あいづち的なくり返しである。聞いているという合図を送りながら、話者が話しやすいように導いている聞き手の姿である。

次に、「相手へのはたらきかけの姿勢」〈4教示要求的〉の《くり返し》を表8に示した。

表8　くりかえし発話2

6 A	42児	70	教育っつうか、なんか	4	2		3	1
6 A	49児	71	教育？	5	4	1	1	3
6 A	42児	72	いいマンガってあんじゃん。	4	2		3	1
6 A	49児	73	うん。	5	7	1	1	3

表8は、表6に示した《あいづち》とほぼ同じはたらきをしている。これもまた、あいづち的なくり返しである。話し手のことばを理解しようとして聞いている聞き手の姿である。

最後に、「相手へのはたらきかけの姿勢」〈2教示・伝達的〉の《くり返し》を表9に示した。

表9　くり返し発話3

6 c	35児	23	なんとなく	4	2		3	1
6 c	57児	24	なんとなくじゃ意見になってないよ。	5	2	2	1	3
6 c	60児	25	はは（笑い）	5	7	1	1	3
6 c	35児	26	楽しいから。	4	2		3	1
6 c	57児	27	あのね、図書室には楽しいって、あんま、いらないんだよ。	5	2	2	1	3

表9では「同調性」の〈2非同調的〉を示している。自分の意見を述べるために先行する発話の一部をくり返している。発話の一部を引き継ぎ続けることによって、話を聞いていることをアピールしながら自分の反論を伝えるという聞き手の姿が見える。

44

3.2 つなげ

「相手へのはたらきかけの姿勢」〈7 共感的〉は、聞き手が興味・同情・感銘など、感情移入の態度を示すはたらきがある。

〈7 共感的〉は「行為的機能」〈4 陳述・表出〉と組み合わされることによって、《つなげ》の機能が見られた。以下で《つなげ》の具体的な特徴を見てみよう。

①つなげ

《つなげ》は、「行為的機能」〈4 陳述・表出〉、「相手へのはたらきかけの姿勢」〈7 共感的〉の特徴を示している。相手への興味などの態度を示しながら自分の情報内容を述べているのである。あいづちやくり返しよりも自分から発信する力が大きく、先行発話とつなげるはたらきを見せている。「同調性」〈1 同調的〉、「発話の受け手の種類」〈1 マトモの聞き手〉、「発話のきっかけ」〈3 自分に向けられた他者の発話〉の組み合わせが多く出現した。

まず、直前の発話の途中で話を引き継ぎ、つなげている例を表10に示した。

表10　つなげ発話1

6 e	58児	12	マンガばっかり読んで、みんな外遊びしなかったら、みんな健康//	4	2		3	1
6 e	51児	13	//くずれちゃって	4	7	1	1	3
6 e	58児	14	そう、具合が悪くなって	4	7	1	1	3
6 e		15	(笑い)	5	7	1	1	3

表10は、話し手が「健康」まで話したところで「くずれちゃって」と聞き手が引き継いでいる。次に「健康がくずれる」という内容を「そう、具合が悪くなって」と聞き手が言い換えている。ことばの途中で受け継いでいくものと、ことばを言い換えるものとが見られた。話し手の話を一緒に作り上げようとする聞き手の姿が見える。

次に、直前の発話を訂正するためにつなげている例を表11に示した。

表11　つなげ発話２

6 c	57児 53	だけど、図書館//は	4	2		3	1
6 c	35児 54	//図書室	4	7	1	1	3
6 c	57児 55	あ、図書室は友だち関係をよくする場ではないと思います。	5	2	1	1	3

　表11は、「図書館」と話したところまで聞いていた聞き手は、今話しているのは学校の図書室であることを確認しようとして「図書室」と言い換えてつなげている。それを聞いて、57児は「あ、図書室は友だち関係を良くする場ではないと思います。」と訂正している。ここでも、話し手のことばを理解しようとして聞いている聞き手の姿が見える。

3.3　予測

　「行為的機能」〈4 陳述・表出〉と「相手へのはたらきかけの姿勢」〈4 教示要求的〉とが組み合わされることによって、《予測》の機能が見られた。以下で《予測》の具体的な特徴を見てみよう。

①予測

　《つなげ》と同じように、直前の発話の途中で遮ってその先を予測し、言おうとしていることを引き継いだり、先行した発話を自分のことばで言いかえて次に相手が言いたいことを予想している。このような例を表12に示した。

表12　予測発話１

6 C	39児 41	あれ、だって、図書の時間とかに、ふつうの	4	2		3	1
6 C	38児 42	元々あった本？	4	4	1	1	3
6 C	39児 43	うん	5	7	1	1	3
6 C	39児 44	本を読まないで、マンガばっかり読む人がでてくるかもしれないから。	4	2		3	1
6 C	37児 45	ふーん	5	7	1	1	3
6 C	38児 46	元々あった本を読まなくなったりしちゃう？	4	4	1	1	3

　表12では、「図書の時間とかに、ふつうの」まで聞いたところで、マン

ガの本ではなく、図書室に以前からある本のことを言いたいのだろうと予
測し、「元々あった本？」と確認を聞き手が求めている。また、「本を読ま
ないで」という発話を聞いて、その本は以前から図書室にあった本のこと
を指していることをふまえ、次にいいたいことを聞き手が予測して「元々
あった本を読まなくなったりしちゃう？」と続けているのである。

　予測しながら聞くことは、話し手の思考を追いながら、その先を考えて
聞くという能動的な聞き手の姿が見える。

3.4　同調性の連鎖・沈黙

　「同調性」を示す発話のつながりが続く部分や、全くつながらない部分
で他と異なる特徴が見られた。

　まず、「同調性」が連鎖する発話では、能動的な聞き手の姿が見られた。
次に、沈黙の前後の発話に「同調性」がどのような特徴を見せるかによっ
て、沈黙が能動的にも、話の停滞にもなっていることがわかった。

　以下で「同調性」の連鎖、沈黙について具体的な特徴を述べる。

①同調性の連鎖

　「同調性」を示す〈1同調的〉〈2非同調的〉が複数続く場合は、《あいづち》
《くり返し》《つなげ》などの反応する発話が多く出現した。

　「同調性」が連鎖している例を、表13・14に示した。

表13　同調性の連鎖1

6 B	31児	41	やっぱり、マンガの本でも：：	4	2		3	1
6 B	36児	42	やっぱりなんか：：：ドラえもんみたいな？（笑い）	4	7	1	1	3
6 B	47児	43	ドラえもんみたいなのだと、//やっぱ、笑ってうるさくなったりとか、//あるんじゃないかなと思う。	5	2	1	1	3
6 B	31児	44	//うん //うん	5	7	1	1	3

　表13では、《つなげ》→《くり返し》→《あいづち》と〈1同調的〉が
続いている。

表14　同調性の連鎖２

6 D	41児	97	あれ、だいたい、一回読んだらさ、続きがさ、例えばさ、1巻読んでてさ、2巻あったら絶対読みたくなるじゃん。	4	2		3	1
6 D	30児	98	うん	5	7	1	1	3
6 D	41児	99	だから、だからいけないんだ、	4	2		3	1
6 D	41児	100	全部1巻だったら	4	2		3	1
6 D	32児	101	1巻と18巻だけ	5	2	1	1	3
6 D	30児	102	そう、全部1巻だったらいいけど、1巻だけだとなんか、	5	2	1	1	3
6 D	41児	103	終わりまでずっと読んじゃうよ	4	7	1	1	3
6 D	30児	104	そう	5	7	1	1	3

　表14では、《くり返し》→《くり返し》→《つなげ》→《あいづち》と〈１同調的〉が続いている。どちらも、「同調性」を示す発話が連鎖することによって、発話を一緒に作り上げている聞き手の姿が見える。

②沈黙

　「同調性」の連鎖の中で生まれた沈黙、「同調性」〈３保留〉の見られる沈黙、「同調性」の見られない沈黙、の３つについて順に具体的姿を見てみよう。

　まず、「同調性」の連鎖の中で生まれた沈黙を表15に示した。

表15　沈黙発話１

6 D	41児	50	えっとさ、マンガなんて児童館とかだって読める//：：：	4	2		3	1
6 D	30児	51	//はは、読める//	5	7	1	1	3
6 D	41児	52	//読めるじゃん。	5	7	1	1	3
6 D	30児	53	いちいち、図書室とかで読まなくてもいい。	4	2		3	1
6 D	41児	54	だいたい勉強するところだしね。	4	2		3	1
6 D	30児	55	うん	5	7	1	1	3
6 D	41児	56	学ぶところだし	4	2	1	1	3
6 D		57	(沈黙2秒)					
6 D	30児	58	いいこというねえ。	4	10	1	1	3
6 D		59	(笑い)	5	7	1	1	3

　表15は、沈黙の後の発話「いいこというねえ。」が「はたらきかけの姿勢」〈10肯定的〉を示す。沈黙の前の発話が続いていてそれを肯定的に受けと

めているのである。沈黙の時間にも同調性が続いており、直前の「学ぶところだし」ということばについて思考している様子がうかがえる。思考しながら聞いている聞き手の能動性が見られる。

次に、「同調性」〈３保留〉の見られる沈黙を表16示した。

表16　沈黙発話２

6 E	34児	16	なんか、50児ちゃんは？	2	4		3	1
6 E	50児	17	うーん	5	7	3	1	3
6 E		18	(沈黙14秒)					
6 E	50児	19	なんかある？	2	4		3	1
6 E	34児	20	うーん	5	7	3	1	3
6 E		21	(沈黙55秒)					
6 E	50児	22	なんかある？	2	4		3	1
6 E	34児	23	うーん	5	7	3	1	3

表16は、同調性を示すべき時に示さない発話が続いている。発話は続かず、話し合いの停滞という特徴をもつ沈黙が生じてしまうことがわかる。聞き手の能動性は見られない。

最後に「同調性」の見られない沈黙を表17示した。

表17　沈黙発話３

5 A	19児	4	図書室に、マンガをおかない方がいいと思います。それは、勉強するところだからです。	4	2		3	1
5 A	11児	5	私も、図書室にマンガをおかない方がいいと思います。なぜかというと、マンガより物語の方がいいと思うからです。	4	2		3	1
5 A	8児	6	えっと、マンガはおいた方がいいと思います。マンガはおもしろいから。	4	2		3	1
5 A		7	(沈黙4秒)					
5 A	8児	8	そしたらどうするんだっけ？	1	4		3	2
5 A		9	(沈黙4秒)					
5 A	8児	10	おわったらどうするんだっけ、	1	4		3	2
5 A		11	(沈黙4秒)					
5 A	19児	12	いろんな意見を：：いいことと悪いこと：：：	1	4		3	1

表17は、一つの話題での発表のしあいが終わり、その後どう話し合いを

第１章　対話的コミュニケーションの特徴　　49

進めたらよいかを考える特徴を見せている。発表のし合いでは、自分の考えを発表することに意識が向き、他者の発話を聞いて対話を進める意識が不十分であったと考えられる。そこで発表し合いから対話に移行するために、沈黙が必要とされたといえるだろう。この沈黙の時の思考が、対話へと発展するか停滞するかを決定するのである。

　以上のことから、沈黙が生まれた場面では、直前の発話の連鎖によって能動的な聞き手は次の発話へと続けることができ、沈黙時の思考の重要性がわかった。

3.5　発話のきっかけ

　聞き手がターンをとるきっかけを見ることで、聞き手の能動性がわかる。多かったのは〈自分に向けられた他者の発話〉〈自発的〉である。この2つの特徴を持つ発話は対になり、質問と答え、発言の促しと応答という組み合わせとして機能している。〈事態の推移〉〈自分に向けられたのでない他者の発話〉をきっかけとした発話は多くないが、能動的な聞き手の特徴がみられた。次に〈事態の推移〉〈自分に向けられたのでない他者の発話〉をきっかけとした発話について述べる。

①事態の推移

　〈事態の推移〉はできごと、事物、参加者への動作・行為などをきっかけとして発話されるものである。

　表18はひと通り意見の発表し合いが終わった後の発話である。

表18　事態の推移きっかけの発話

6 D	41児 38	で、ふつうに物語とか読んでる人が迷惑になっちゃうから、だめだと思う。	4 2	3 1
6 D	32児 39	図書室は、マンガ本とかおかなくても、ほかに物語とかあるから、どっちにしろマンガいらないし、家でも読めるから、別にいらないと思う。	4 2	3 1
6 D	30児 40	うん、（笑い）	5 7 1 1 3	
6 D	41児 41	同じじゃん、意見。	4 13 3 2	

表18は、まとまりの話題の切れ目に、今までの意見を統括し評価する役割をはたしている。「同じじゃん、意見」という評価表明的な発話でそれまでの意見を整理している。自分が参加している対話をメタ認知し、見通しをもって方向性を考えながら聞いている能動性が表現されている。

②自分に向けられたのでない他者の発話

　自分に向けて質問されたのでも、ターンをとることを促されたのでもないが、先行する発話のなにかがきっかけとなって発話にいたるものである。
　表19は自分に向けられたのでない他者の発話をきっかけにした例である。

表19　自分に向けられたのでない他者の発話きっかけの発話

5	D	10児	58	笑えないマンガ？	4	4	1	1	3
5	D	15児	59	笑えないマンガじゃあ：：	5	7	2	1	3
5	D	16児	60	かなしいマンガじゃちょっと//、	4	7	1	1	4
5	D	10児	61	//つまんないか	4	4	1	1	3
		15児	62	うん	5	7	1	1	3
5	D	15児	63	どんより。	4	7	1	1	4

　表19は、15児が10児に向けて「笑えないマンガじゃあ：：」と《くり返し》をしながら非同調性を伝えている。15児の発話は16児に向けて発せられた発話ではないが、16児は15児の意見に同調し、「かなしいマンガじゃちょっと」と続けている。
　別の人へ向けられた発話を自分のものとして次の発話に生かす能動的な聞き手の姿が見える。

4　考察

　本節では、分析をふまえ、対話的コミュニケーションの特徴を以下の3点で考察する。聞き手と他者との協働の発話の構築・予測不可能事象への対応・沈黙と認識の深化の3点である。「きょうどう」は共同・協同・協働などの漢字を用いて使われている。筆者はコラボレーションととらえ、

第1章　対話的コミュニケーションの特徴　51

本論文では「協働」の漢字を用いて表記することとする。引用はその表記に準じた。

　まず、能動的な聞き手が他者の発話を受けてつなげるはたらきをしている姿を整理しよう。

　「行為的機能」の〈注目表示〉としてあいづちなどで〈共感〉を個人に向けて伝え、その発話の一部をくり返したり、つなげたり、予測したりしながら相手の発話を自己の認識と重ね合わせている。発話機能からは特に「あいづち・くり返し・つなげ・予測」の重要性がわかった。また聞き手の反応は、発話機能として次のような組み合わせで表出することがわかった。

　　　・〈注目表示〉＋〈共感〉
　　　・〈注目表示〉＋〈教示・伝達的〉
　　　・〈注目表示〉＋〈教示・要求的〉
　　　・〈陳述・表出〉＋〈共感〉
　　　・〈陳述・表出〉＋〈教示・要求的〉

　また、〈同調性〉が連鎖することによって、あいづち・くり返し・つなげ・予測などの同調性を示す発話が生まれ、つながりながら続いていくことがわかった。

　以上のことから、能動的な聞き手は他者と協働で発話を作りあげているといえる。そして他者の声と自分の声を重ね合わせているのである。能動的な聞き手が作りあげる協働の発話は対話的コミュニケーションの第1の特徴である。

　次に、〈事態の推移〉をきっかけとした発話が、対話的コミュニケーションの見通しをもつことによって生まれることが分かった。発話を単体として受けとめるのではなく、発話のつらなりとして整理しながら聞く能動性が求められる。

　対話的コミュニケーションの見通しをもつには、その場で「いま、ここ、自分」の対応を迫られ、予測不可能な対話的コミュニケーションへと転換する必要がある。

予測不可能事象について藤森（2002）は「授業が、参加者間の対話・問答・話合い等を組み入れた相互作用的なコミュニケーションを志向していると判断されるとき、予測不可能事象は授業コミュニケーションが有する基本的特性として生起する。」と述べている。予測不可能事象が生まれる状況での対話的コミュニケーションを繰り返し体験することが、発話を連なりとして整理し見通しをもつ能動性を育むのである。予定されたシナリオ通りに進む対話や、結論があらかじめ決まり対立をさけ参加者が安易に同調する対話では、予測不可能事象は生まれない。予測不可能事象へ常に向き合い、それにどう対応していくかを問われるということが対話的コミュニケーションの第2の特徴である。

　最後に、沈黙がうまれ、対話的コミュニケーションが停滞するように見える部分での相互作用が重要であることがわかった。意見の発表のし合いが続いた後に沈黙が発生していた。自分の考えを発表することに心が向いて、聞くことに意識を向けられないという状況は、実際の教室ではよく見られることだ。発達段階を考えると小学校段階では個人差が大きいことが十分予想される。その結果、発表のし合いの後に発話をふり返り思考する必要が生まれ、沈黙が生まれているのだ。視点を変えてみると、沈黙は能動的な聞き手として思考をはたらかせる時間ともいえる。沈黙の時間に他者なる自己との対話を生み出し認識の深化をうながすことが対話的コミュニケーションの第3の特徴である。

第2章
対話的コミュニケーションを育てる授業

　本章では、第1節で実践授業の実際を〈内容理解して聞く学習・反応して聞くことを自覚化する学習・聞きとり過程を意識する学習・聞く態度を自覚する学習〉の4つについて具体的に述べる。第2節で子どもの対話記録の発話機能と、子どもの日記の記述文章から授業の効果を分析する。第3節で、対話的コミュニケーションの特徴である協働の発話の構築、予測不可能事象への対応、認識の深化の3点から考察する。

第1節　能動的な聞き手を育てる授業の構想

　本節では、まず小学校国語科の「話すこと・聞くこと」の学習の実践授業の問題を整理し、第2項で「聞くこと」や「聞き手」に焦点を当てた実践事例を検討し、第3項で望ましい実践授業を構想する。

1　音声言語教育実践

　近年の小学校国語科「話すこと・聞くこと」の教育研究史を概観すると、平成元年の学習指導要領実施より音声言語が盛んに研究され、音読・群読等を教材にした表現力やディベートを用いた論理的思考力の育成を目指す指導が多く実践されてきた。平成20年の学習指導要領では伝え合う力が重要視された。国際社会に対応できる能力として表現力の育成を目指した研究は多く見られ、話し手への指導に重点が置かれてきた。平成29年の学習指導要領では「主体的・対話的で深い学び」に向けた授業改善の推進が改訂の基本方針の一つの柱とされた。一方で、聞き手への指導の重要性は常

第2章　対話的コミュニケーションを育てる授業　55

に両輪として指摘されてきていたが、「聞く力」を身につけるための具体的な指導方法について言及した実践は多いとは言えない。

甲斐（1988, pp.26-27）は、明治中期以降昭和十年前後までに行われた聞き方教授実践が直面した問題から、現在の課題を明らかにし、経験の積み重ねにより聞く力を育てる必要性を指摘する。現在でも聞く経験の積み重ねによって聞く力は身につく、あるいはよりよい聞き手は育つという考えは根強くあり、実践も多い。そして「教材」と「身につけさせたい学習力」についての検討は現在もまだ続いている。

教材について、大村（1983b）は、教材を自分の話しことばから作ることの重要性を指摘し、なまの話しことばが聞く学習に有効であるとする。中村（2002）は、聞くことの学習指導として、ゲームを取り入れた練習学習、発展的な学習として発表会、パネルディスカッションなどが多く実践され、取り立て指導としてメモすることやインタビュー活動が多く見られることを挙げている。

畑中（1982）は、聞き手として話し手が問いかけたとき反応することを大事にしている。そして、常に自分の考えと友達の考えを比べて聞いて、その異同を聞き分けたり、適否を判断したりする自己内対話の能力を鍛えることをねらいとしている。さらに、聞き手である子どもをいつ話し手に転ずるか、生きたつぶやきをどう取り上げるかを工夫している。また、沈黙を大切にし、自己内対話に支えられた聞き方を目指している。河村（1988）では、作文を書くために友達の話を聞き、自分の考えと同じかどうかを○や△などの記号を使ってメモをし、色カードを動かすことによって聞いて考えたことに反応し、聞くことそのものを意識化させる実践を行っている。その結果、自分の考えにより向き合うことができた子どもの姿が変容としてみられている。岡（1991）では、教師が子どもの聞き合う様子を記録し文字化して子どもに提示することによって自己評価できるようにしている。これも子どもに聞き手である自分を意識化させる有効な実践である。西上（2011）は、聞きとり過程を対象化しモニターし合うことにより「話し合いのこつ」として取り出すことに成功している。山元（2008）は、個人内

のコミュニケーション能力を見取る指標として、「態度面の姿、話す合う姿」に分け、さらに話し合う姿を「聞く姿、つなぐ姿、話す姿」とし、聞く過程での思考を５つに言語化している。若木ら（2013）は、尋ね合うことの必要性を学習するミニレッスンとして、聞き手が確認や質問、言いかえ、例示、整理などをする台本型手引きによる学習の有効性を検証している。

2　実践授業の構想

　実践授業の先行研究から、「聞くこと」に焦点を当てた授業が多いとは言えず、また、単発的であったことが明らかになった。聞く経験を積み重ねれば自然と力がつくという能力観からの授業が多く見られた。そこで本項では、対話的コミュニケーションの力を育むために求められる「聞くこと」の授業を構想する。

　聞くことの意図的、効果的な学習として、「話し手が問いかけたとき反応すること」「沈黙を大切にし、自己内対話に支えられた聞き方」「聞くことそのものを意識化させる」ことが重要であることが実践事例から分かった。また、「子どもの聞き合う様子を記録し文字化して子どもに提示する」ことによる自覚化や「言語生活に生かす継続的な指導」の必要性も指摘された。

　能動的な聞き手を育てる指導の第１は、能動的な聞き手の具体的な姿を知らせ、子ども自身の対話的コミュニケーションの実態を自覚させることである。第２は、自覚した子どもが自分で求める能動的な聞き手の目標を設定できるようにし、対話的コミュニケーションを言語生活で繰り返し体験できるようにすることである。

　第１の自覚化のためには、子ども自身が自分は日頃どのような「聞き手」であるのかを知る必要がある。そこで、実際の教室での発話を教師が文字化して提示し、子どもが自分の発話を自己評価する授業を提案する。友だちの姿や文字化した記録から子ども自身が「能動的に聞く」とは何かを見つけることが重要であると考えるからである。

　第２の子どもによる目標の設定と日常の言語生活への活用のためには、

子どもが自身の言語生活をみつめるメタ認知能力を身につけることが必要である。しかし、自分の話し言葉や聞き方をモニターする力を身に付けることは容易ではない。

そこで、沈黙の時間を意識化させ、モニタリングの育成に活用することを提案する。居心地の悪い沈黙を子どもに経験させ、そのときどう思考していたのか、先行する発話の何を思い出したのかを言語化しモニターしていくのである。同じ話を聞いても、納得して聞く聞き方と、批判的に聞く聞き方、別のことを発想する聞き方など多様な聞き方がある。自分の思考に気付き、沈黙の時間にモニタリングした内容を交流することで、子どもは他者と違う自分自身の聞き方に気付くことができると考えたからである。

以上の指導を言語生活の中に意図的に計画し、対話的コミュニケーションを繰り返し経験することにより、子どもは次なる新たな目標を見出し、自らの中にある他者との相互作用を生み出す能動性を獲得するものと考えた。

聞くことの能力にそって、学習のポイントを以下のようにまとめた。

2.1　内容を理解する力を育てる
・教師のスピーチを聞き、何が言いたかったのかを正しく聞き取る。大村（1983a）をふまえ、教材は教師が作成した。

2.2　反応する力を育てる
・「あいづち・くり返し・つなげ・予測」を自分の発話記録から見つけ、反応する力の自分の実態を知り、自覚的にめあてもつ。

2.3　聞きとり過程を意識する力を育てる
・沈黙を意識し、聞いている時の自分の思考の型を知る。さらに別の思考の型で聞くことをめあてにする。

2.4　聞く態度を育てる
・聞くこと日記を毎日書き、日常の言語生活を自覚的に過ごす。

第2節　実践授業

　本節では、能動的な聞き手を育成する視点からとらえ、対話的コミュニケーションの実践授業について、〈内容を理解して聞く学習・反応して聞くことを自覚化する学習・聞きとり過程を意識する学習・聞く態度を自覚する学習〉の4段階の学習過程に沿って整理する。

1　実践の概要

　実践対象は、第1章第4節において対話的コミュニケーションの特徴を分析するために実態調査を行った子どもと同じである。5学年29名（男子16名　女子13名）と6学年30名（男子14名　女子16名）合計59名である。2003年9月22日〜10月15日に実施した。授業は期間をおいて3時間実施した。指導前に実態調査1時間を別途設定した。期間中に「聞くこと日記」をつけてもらった。5学年は14日間、6学年は10日間記録した。授業者は筆者である。

　単元の目標を以下のように設定した。

① 「聞くこと」を自覚することによって、子ども自身が「能動的な聞き手」になるためのめあてを設定することができる。

② 「聞くこと」を意識化し、自己評価を重ねることによって、聞くことへの能動性を高めようとすることができる。

　これをふまえて、指導の工夫を表20に示した。

表20　指導の工夫

1　子ども自身が「能動的に聞く」とは何かを見つけ自覚化をうながすために、文字化した子どもの発話の記録を教材とする。
2　聞いているときの子ども自身の思考を自覚化させるために、沈黙の時間の思考の型を示す。
3　子どもによる目標の設定と日常の言語生活への活用のために、聞くことを考える日記を毎日つけさせひとりひとりに助言を書いて返す。
4　子どもの変容を自覚化させるために、指導の前と後に子どもの発話を記録する授業を設定する。

第2章　対話的コミュニケーションを育てる授業　59

2 実践授業の内容と子どもの姿

2.1 「内容を理解して聞く」学習

　子どもの発話の記録をとるための学習として、指導前の実態調査と、第3時を設定した。

　指導前は子どもの実態を調査し、その後の学習の資料として発話記録を教材として活用するためである。第3時は、同じ学習活動を行い、子どもの変容を見た。学習活動は話題のみ異なるようにした。

　学習活動の概略は下の表21に示した。

表21　学習活動

1　学習課題を知る。
2　教師のスピーチを聞く。
3　聞いて内容をまとめ、聞いて考えたことを書く。
4　3人組で5分間考えたことについて話し合う。（動画と音声を記録）
5　聞くことを振り返り自己評価する

　「内容を理解して聞く」学習として、スピーチを聞く前に、あらすじをつかむことと話し手は何を言いたかったという結論を考えながら聞くことを課題とした。

　教師のスピーチの内容は、メリットデメリットがあり対立する意見が出る内容を選んだ。実態調査は「図書室とマンガの本」である。図書室にマンガの本をおいてよかった学校の例と、困った学校の例を引用し、おかない方がよいとする結論を述べた。第3時は「教室の座席」である。教室の席は自由席にしてよかった学校の例と、困った学校の例を引用し、席は自由席でない方がよいとする結論を述べた。スピーチの内容は、甲斐利恵子氏の実践を元に筆者が作成した。

　表22に示す。

表22　スピーチ内容

スピーチ1　「図書室とマンガの本」

　私の知り合いの先生が2人いますけれども、その2人の先生に聞いたことをお話しします。

　まず、一人の先生は、やっぱり図書館にマンガの本を置いたことで、困ったことになったっていう話をしてくれました。どういう風に困ったかというと、たくさんの人が来るんだけれども、その来た人たちが休み時間が終わってもなかなかかえらない。つまり時間にルーズになるから、図書館にマンガ本を置かない方がいいんじゃないか、それから、マンガの本をいれることによってすごく人がたくさん集まるからうるさくなる。図書室はとてもうるさくなると困るところなので、図書館にマンガの本を置かない方がいいんじゃないかっとその人は話していました。

　次に、もう一人の人は、図書館にマンガの本が入ったおかげで、とってもいいことがありますっていうふうに言っていました。マンガの本を入れたことで、図書室っていうのは入りやすいところなんだなあ、みんなが大勢集まって来るところなのだなあって思った。マンガの本を読まない人たちもたくさん来るようになった。そこで、本の貸し出しの量も多くなったので、マンガの本を置いてとってもよかったなっていうふうに思ったそうです。

　さて、私自身はどうかといいますと、図書室にマンガ本は必要ないと思っています。やっぱりマンガは、物語よりよくないと思うからです。それから、もう一つなんですけれども、図書室は読書をするところで、マンガを読むところじゃないっていうことも言えますね。図書室は調べものをしたり、じっくり物語を読んだりする落ち着いた場所にしたいと思うからです。

スピーチ2　「教室の座席」

　私の知り合いの教室の話です。ある2つのクラスのことで聞いたことをお話しします。

　まず、一つのクラスでは、教室の座席を自由席にしたら、とてもよいことがあったのだそうです。どういうことがよかったかというと、自分で選んだ席なので勉強にやる気がでる。それに、仲のよい友達とそばの席に座ることもできるので、分からないときに気楽に教え合えるし、協力して勉強できるようになったのだそうです。やる気もでて、協力して勉強できるようになるので、教室の

第2章　対話的コミュニケーションを育てる授業　61

座席が自由席になってよかったとみんなが思ったそうです。

　次に、もう一つのクラスでは、教室の座席を自由席にしたおかげで、困った
ことがおこったと言っていました。席を自由にしたので、席の取り合いになる。
遅く来ると自分の座りたい席には座れなくて目の悪い人が後ろの方に座ること
もあったのだそうです。それから、机の中に物を置いておけなくて不便だった
り、何かを配るときに誰がどこだか分からなくて時間がかかってしまったりし
たので困ったなあと思ったそうです。

　さて、私自身はどうかといいますと、学校の座席は決まった席の方がいいと
思っています。なぜかというと、便利なことが多いと思うからです。それから、
もう一つ、いろいろな人と席がそばになって協力し合うことによって、友だち
が増えると思います。教室は、いろいろな人と関わりながらおちついて過ごす
場所にしたいと思うからです。

　子どもは教師の話を聞いてワークシートに「話し手はスピーチで何を言い
たかったのか」を整理し、自分の考えをまとめた。話す前に自分の意見
をはっきりさせるためである。

　話し合いの人数は３人、時間は５分と設定した。ひとりひとりの発話の
機会が多くなるように人数を少なくしたが、沈黙している時間を意識させ
るために一対一にならないようにした。

　記録はビデオカメラ５台、カセットテープレコーダー５台を別室に用意
した。子どもは前半・後半に分かれて話し合いをし、その前後の時間は教
室で考えたことをまとめ、話し合ったことを振り返り考えたことをワーク
シートに書くようにした。

　ワークシートの記述を見ると、「話し手の言いたいこと」を聞きとりま
とめることができたのは59人中57人であった。

2.2　「反応して聞くことを自覚化する」学習

　聞く生活を考える学習であることを知らせ、自分がどのように聞いてい
るか、友だちはどのように聞いているのかを文字化した資料から読み取り、
聞くことの自覚化を促す学習である。学習活動の概略は下の表23に示した。

表23　反応して聞くことを自覚化する学習活動

1	実態調査の時の対話を振り返る。
2	友だちの対話の記録を読み、話が弾んでいるところを見つけ、その特徴を知る。
3	自分の対話の記録を読み、聞き手の姿が見えるところを見つけ印をつけ、自己評価する。
4	自分の聞くことのめあてを決める。

　まず、能動的な聞き手の特徴が現れている部分を抜き出した対話記録を配布し、読み合った。そして話が弾んでいる様子で続いている部分を見つけた。それらの発話から「あいづち」「くり返し」「つなげ」「予測」の4つの特徴を見つけた。授業で用いた資料は表24 ～ 26である。学習の様子は以下のようである。

表24　「反応して聞くことを自覚化する」授業資料1

1	A	いや、でも、休み時間マンガを、でも、マンガおいちゃうと、外に遊びに行かなくなんじゃん。
2	B	あ、そうだね。
3	A	外に遊びに行かないとさ、不健康だよ。
4	C	うん。
5	B	みんなの：：みんなの健康悪くなったり
6	A	肥満になったり
7	B	家でもずーっとマンガ読んでたら
8	A	あと、目が悪くなる
9	B	そう。
10	C	うーん。

　表24からは、「不健康」ということばから、「健康悪くなる」「肥満」「目が悪くなる」というように連想を広げてつなげながら聞いていることで話が弾んでいることを子どもたち自身が見つけた。

第2章　対話的コミュニケーションを育てる授業　63

表25 「反応して聞くことを自覚化する」授業資料2

11	A	しかもさ、マンガをおいてると図書室がせまくてさ、
12	C	うん
13	A	こみあってさ
14	C	うん
15	A	うるさくなったりさ
16	C	うん
17	A	こみあって、まあ、いっぱいになっちゃってさ
18	C	うん
19	A	座れなかったりとか
20	C	うん
21	A	せきがたりなくて、
22	B	あと、もしか
23	A	立ち読み？
24	B	もしかしたらさ、
25	A	でさ、立ったまま、悪いやつがさ
26	C	うん
27	A	本を地面においたままでさ、休み時間終わりだってさー、ばーっとそのままさ、すぐに、チャイムなったらすぐにかえるルールつくると、もう急いで、もう、本の上なんかに//
28	B	//ぐちゃぐちゃにいれちゃうから
29	A	ぐちゃぐちゃにいれちゃったり、
30	C	あーあ
31	A	しかも、マンガぼろぼろになったり//：：//おいても。
32	B	//そう
33	C	//うん
34	A	他の本も
35	C	うん//：：：：もったいないね。

　表25の例からは、まずあいづちに着目し、リズムよく話しているのは話

し手が話しやすいように聞き手があいづちを入れながら聞いているからであるということに気付いた。さらに、28Bの「ぐちゃぐちゃにいれちゃうから」や35Cの「もったいないね。」の発話から、直前の発話が完結する前に、その続きをつなげることで聞き手が相手の話をよく聞き一緒に話に参加していることを伝えていることが分かった。さらに、29Aで「ぐちゃぐちゃにいれちゃったり」と直前の発話をそのままくり返すことによっても、聞き手が相手の話をよく聞き話が弾む効果があることを見つけた。

表26 「反応して聞くことを自覚化する」授業資料３

36	C	Bくん、あった方がいいと思う？
37	B	ううん。
38	B	あれ、だって、図書の時間とかに、ふつうの
39	A	元々あった本？
40	B	うん、本を読まないで、マンガばっかり読む人がでてくるかもしれないから。
41	C	ふーん
42	A	元々あった本を読まなくなったりしちゃう？
43	C	から？でも、あってもいいような気がする。
44	A	はは（笑い）

　表26の例からは、38Bの発話がまだ途中であるが、その続きを39Aの「元々あった本？」と予測したり、42Aの「元々あった本を読まなくなったりしちゃう？」に続けて43Cの「から？」と続けたりしていることで能動的に聞いていることを表現していることを見つけた。
　以上の対話例から、「あいづち」「くり返し」「つなげ」「予測」の４つの特徴を「反応して聞くこと」として確認した。次に、実態調査で記録した自分の対話を文字化した資料を配付し、反応して聞いている発話がどれだけ見られるかを自己評価した。そして自分の聞くことを自覚し、めあてを設定した。

第２章　対話的コミュニケーションを育てる授業　　65

2.3 「聞きとり過程を意識する」学習

　沈黙しているときの多様な思考に気づかせることを目的とし、発話記録、教師の対話を用いて考えさせる学習である。

　学習活動の概略は下の表27に示した。

表27 「聞きとり過程を意識する」学習活動

1　「聞くこと日記」からめあてと自己評価を確かめる。 2　友だちの対話の記録を読み、沈黙の部分の思考を想像し、沈黙を分類する。 3　教師の対話例を考えながら聞き、沈黙したときの自分の思考の型を知る。 4　自分の聞くことのめあてを決める。 5　思考の型を意識しながら3人組で5分間話し合う。

授業で用いた資料は表28 ～ 30である。

表28 「聞きとり過程を意識する」授業資料1

45	A	あの、
46	A	先生が、//：：他に言いたかったことって//
47	B	//うん　　　　　　　　　　　/言いたかったこと
48		（沈黙3秒）
49	C	図書室は、人の心を育てるところなんじゃないの？
50		（沈黙2秒）
51	C	ある意味、勉強//
52	B	//あ、うん勉強
53	B	資料集、じゃなくて、//社会のこと調べたり
54	C	//勉強
55	A	国語の教科書//のこと調べたり：：：辞書//？
56	B	//そうそう　　　　　　　//うん辞書調べたりとか
57	C	//うん、うん
58	B	そういうのやるところだから、マンガおかない方がいいんだよ。

　表28の例からは、沈黙の時に、前の発話の答えをそれぞれが考えていた

ことにより、後の話がはずみ、一つの話をみんなで作り上げている様子を
見つけた。この思考では、様々な型の思考が可能であることが分かった。

表29 「聞きとり過程を意識する」学習資料２

59	B	えっとさ、マンガなんて子ども館とかだって読める//：：：
60	A	//はは、読める//
61	B	//
		読めるじゃん。
62	A	いちいち、図書室とかで読まなくてもいい。
63	B	だいたい勉強するところだしね。
64	A	うん
65	B	学ぶところだし
66		（沈黙２秒）
67	A	いいこというねえ。
68		（笑い）
69	B	たまにはいいこというんだ。

　表29の例からは、直前の「学ぶところだし」ということばを時間をかけ
てじっくり吟味している思考の様子を読み取った。思考の型でいうと「な
るほど」型と名づけた。

表30 「聞きとり過程を意識する」学習資料３

70	C	ほかには
71		（沈黙15秒）
72	C	あ、じゃあ、あの、先生の何を伝えたかったかについて
73	C	私は人によって見方が違うってことだと思いました。
74	B	うん

　表30の例からは、話が続かないとき、別の話題に変えようと考えている
様子を読み取った。「そういえば」型、「おもいつき」型と名づけた。
　次に、指導者とティームティーチング教諭による対話を聞き、自分はど

第２章　対話的コミュニケーションを育てる授業　67

のような型で聞いていたかを考えた。わかりやすいことばでネーミングして以下の4つを設定した。

なるほど型　　なるほどなあ　そうか
はてな型　　　ほんとうかな？　どうして？
にている型　　○と○がにているな
そういえば型　そういえば、さっきのあれは……
おもいつき型　別の考えは？　別の理由は？

最後にグループで対話し、黙っているときの自分の思考の型を意識しながら聞くことを試み、次の学習のめあてを設定できるようにした。

2.4　日常指導「聞く態度を自覚する」学習

　子どもに対話的コミュニケーションを日常化させることを目的とし、日記を書く活動を毎日の朝の会、帰りの会に設定した。

　日記は「聞くこと日記」と題し、朝その日の聞くことのめあてを書き、1日の終わりに自己評価と一言日記を記入して提出させた。指導者は放課後回収して、日記へのコメントを記入した。

　聞くこと日記の内容の概略は下の表31に示した。

表31　聞くこと日記の内容

1　今日のめあて
2　自己評価（できた・少しできた・あまりできなかった・できなかった）
3　自分の聞く生活についての感想・思ったこと
4　指導者からのコメント

　第1時の学習で「聞くこと日記」の使い方を説明し、最初のめあてを設定させた。めあては、第1時であつかった「聞くことのわざ」として「あいづち・くり返し・つなげ・予測」の中から自分で選ぶようにした。あくまでも、自分の発話記録からめあてを決めることが重要であることを説明

し、上記の4つ以外でもよいことを確認した。

　第2時の学習の後は沈黙の時の思考の型もめあての中にいれるようにした。

　指導者からのコメントは、3つの点に留意して記入するようにした。第1は子どもの記述に共感し、肯定的に受容することである。表32に例を示した。できないことやうまくできないことにふれた記述には、できないことに気付いたこと自体が成長であることを知らせ肯定的に受けとめた。できた喜びの記述には一緒に喜び、子どもの記述をくり返して共感を伝えるようにした。

表32　聞くこと日記1

（子どもの日記　9/29　37児）今日、班の会話を見ると、私がやっぱりよく話していた。もう少し他の人の意見を聞こうと思った。
（コメント）そんなことないですよ。37児さんは話をしているけれど、よく聞いています。先生から見ると「あいづち・くり返し・予測」の3種類ができていましたよ。すばらしい聞き上手でもあるのです。色々な聞き方をめあてにして、挑戦してみてください。

　第2は難しさを感じてうまくできない子どもやめあての設定が適切にできない子どもへ具体的な助言をすることである。特に、同じめあてを何日も設定しているものの「できない」という評価が続いている場合は、具体的な例を挙げてヒントを示すようにした。表33に例を示した。

表33　聞くこと日記2

（子どもの日記　10/8　38児）いつも賛成か反対かを考えながら聞いていようと思った。いつも「あまりできなかった」だからがんばろう。
（コメント）賛成か反対かについていろいろな場で考えることができますよね。たとえば今日の教頭先生のお話で「運動会はチャンスがいっぱい」とおっしゃいましたよね。その時「そうだな……」と賛成でしたか？「チャンスがほんとうにあるのかな？」と反対の考えがうかびましたか？そういうところで考えてみてはどうでしょうか？

第2章　対話的コミュニケーションを育てる授業　69

第3は、子どものことばから学んだり考えさせられたことを素直に表現して伝えることである。表34に例を示した。

表34　聞くこと日記3

> （子どもの日記　10/9　53児）友だちと話していると、ときどき私と友だちはまったく違う人なんだなあと思います。悲しいけれどそれはそれで、人はまったく違う考えを自分に伝えてとてもうれしいのかもしれません。
> （コメント）人はそれぞれ違うからこそ、互いにかかわり合い、つながり合い、ささえ合って生きていくことができるのでしょうね。違うことを否定して「みんなおんなじ！」と考えようとするから苦しくなったり誤解が生まれるのでしょう。そういうなかで「ことば」があるから、違いを知り、それを伝え合うことができるのですね。

日記に対するコメントは、書き言葉ではあるが対話的コミュニケーションと共通する学びが成立すると考えられる。そこで、文字の上でも〈あいづち・くり返し・つなげ・予測〉の言葉を織り込むようにした。また、日記を読んでいるときの思考の様子が伝わるように、〈なるほど・はてな・にている・そういえば・おもいつき〉ということばも用いるようにした。

第3節　対話的コミュニケーションを育てる実践授業の効果分析

本節では、まず、指導前と指導後の発話機能に見られる変化を比較検討する。次に、子どもを3群に分け各群の効果の差異を検討する。さらに、子どもの記録した「聞くこと日記」の文章をデータ化し思考の変化を検討する。その結果から、協働の発話の構築に実践による効果が見られたこと、予測不可能事象へ対応する力は高位群の中に一部認知葛藤的な関わりへと移行する姿が確認されたこと、認識を深化させることにも効果がみられたことを述べる。

1　効果分析の目的と方法

分析の目的は、能動的な聞き手の視点から対話的コミュニケーションを

育成する実践授業の効果を明らかにすることである。分析対象は、59名の指導前と指導後の発話の記録を文字おこししたものを熊谷（1997）で特徴づけしてデータベース化したものとする。総move（特徴ごとに区切った発話）数は、指導前が1275、指導後が1547であった。聞くこと日記は5学年14日間29名分、6学年10日間30名分を対象とした。

まず、指導前と後の発話機能別データから全体の変化の特徴を明らかにする。つぎに、指導前の対話の記録から、発話の「行為的機能」の〈注目表示〉を示す発話数の高位群、中位群、低位群によって子どもを3分類し、各群の「能動的な聞き手」の姿の変容と授業の効果を検討する。さらに、文字資料の「聞くこと日記」から、子どもの思考の変化の様子を明らかにする。

分析の方法は以下の3つの手順とした。
① 発話機能に見られる変化で全体の指導前と後の変化を見る。
② どんな子どもに効果があったのかを検討するために、指導前の行為的機能のカテゴリーのうち〈注目表示〉の発話数を元にして、子どもを高位群、中位群、低位群の3群に分けて分析することにする。この群分けは、次の公式に従った。すなわち、（注目表示平均発話数＋標準偏差）以上のものを高位群、（注目表示平均発話数−標準偏差）以下のものを低位群、これら以外のものを中位群とした。その結果、高位群が11名、中位群が37名、低位群が11名であった。元データは、〔発話数合計412，平均値7，標準偏差5.2，最大値23，最小値0〕である。この分析方法は、中川・守屋（2002）を参照した。3群の変化の違いを、発話機能の5つの分類項目ごとに検討する。
③ 日記の記述された文章をデータ化し指導の過程での変化を見る。

2 実践授業の効果の分析
2.1 発話機能にみられる変化

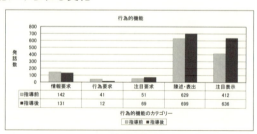

グラフ1

　グラフ1は、指導前の総発話1275と、指導後の総発話1547を、行為的機能の5つのカテゴリーに分けて分類し、グラフ化したものである。
　総発話数では指導後の方が272増加しているが、〈情報要求〉と〈行為要求〉は減少している。〈注目表示〉は224、〈陳述・表出〉は70増えている。この指導によって行為的機能の〈注目表示〉の増加が特徴的であることがわかる。
　〈注目表示〉を示す発話は、《あいづち》《くり返し》の機能をもつことが特徴の分析で明らかになっている。つまり、《あいづち》《くり返し》の数が、指導によって約1.5倍に増えたことがわかる。

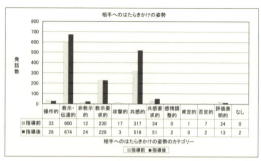

グラフ2

グラフ２は、指導前1275の発話と指導後1547の発話を、相手へのはたらきかけの姿勢の15のカテゴリーに分類し、発話のなかった３つを除いてグラフ化したものである。
　〈共感的〉発話の増加に特徴が見られる。
　また、全体数はわずかではあるが、〈操作的〉〈攻撃的〉〈評価表明的〉発話は減っている。
　〈共感的〉発話が、《あいづち》《くり返し》《つなげ》機能をもつことが特徴分析で明らかになっている。つまり、《あいづち》《くり返し》《つなげ》の発話の数が約1.6倍に増えたことがわかる。

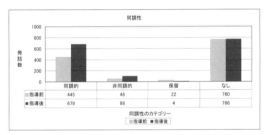

グラフ３

　グラフ３は、指導前1275の発話と指導後1547の発話を、同調性の４つのカテゴリーに分類しグラフ化したものである。
　〈同調的〉な発話が約1.5倍、〈非同調的〉発話は約２倍に増加している。前後の文脈から同調性を表明する必要のない発話の数に変化はみられない。指導によって同調性を表す発話の連鎖が生まれていることがうかがえる。
　〈同調的〉〈非同調的〉な発話が続くことによって能動的な聞き手の姿が見え、〈保留〉が続くことによって話し合いが停滞することが特徴分析で明らかになっている。ここでも能動的な聞き手の特徴をみせる発話が増え、停滞につながる発話が減っていることがわかる。

第２章　対話的コミュニケーションを育てる授業　73

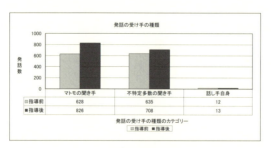

グラフ4

　グラフ4は、指導前1275の発話と指導後1547の発話を、発話の受け手の種類の5つのカテゴリーに分類し、発話のなかった2つを除いてグラフ化したものである。
　指導の結果、〈マトモの聞き手〉を受け手とする発話が約3割増加した。複数の人数で話しているときでも、〈マトモの聞き手〉である個人に向かって共感を示す発話が増加していると考えられる。

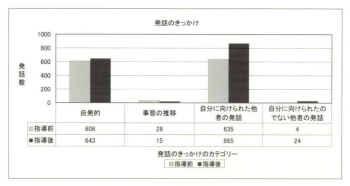

グラフ5

　グラフ5は、指導前1275の発話と指導後1547の発話を、〈発話のきっかけ〉の5つのカテゴリーに分類し、発話の見られなかった1つを除いてグラフ化したものである。

〈自発的〉発話の数はあまり変化が見られない。指導後に増加した発話272のうち230は〈自分に向けられた他者の発話〉である。このことから、複数で話していても個人の発話の一部をくり返してたずねたり、応えたりすることによってつなげるはたらきが多く生まれていることがわかる。

　わずかではあるが、〈事態の推移〉は減り、〈自分に向けられたのでない他者の発話〉は増えた。〈事態の推移〉をきっかけにした発話は、聞き手の能動性を表していることが特徴の分析で明らかになっている。授業によって〈事態の推移〉の発話を促すことはできず、効果は十分でなかった。

2.2　高位群・中位群・低位群の変化の違い
①行為的機能の発話の変化

　表35は行為的機能の発話の指導前と指導後の結果の割合を表したものである。さらに指導前をグラフ6、指導後をグラフ7に示した。

表35　行為的機能の発話の指導前と指導語の結果割合

指導前	情報要求	行為要求	注目要求	陳述・表出	注目表示
高位群	5.5	2.1	3.7	43.6	45.1
中位群	12.2	3.3	3.6	51.5	29.4
低位群	23.6	6.6	8.5	53.8	7.5
指導後	情報要求	行為要求	注目要求	陳述・表出	注目表示
高位群	7.0	1.7	5.6	40.7	45.1
中位群	9.3	0.2	3.8	44.6	42.1
低位群	7.0	2.3	5.8	58.1	26.7

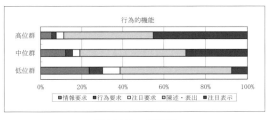

グラフ6　指導前

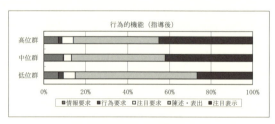

グラフ7　指導後

　高位群では情報要求の発話が他と比べて少なく、相手に要求する発話（情報要求・行為要求・注目要求）は全体の約1割に過ぎないという特徴がわかる。
　低位群・中位群は指導後に高位群の発話傾向に近づき、〈情報要求〉〈行為要求〉が減り、〈注目表示〉と〈陳述・表出〉が増えた。
　〈注目表示〉は低位群で19.2ポイント、中位群で12.7ポイント増加した。つまり、《あいづち》《くり返し》による聞き手の能動性は低位群で最も効果があり、ついで中位群にも効果が見られた。

②相手へのはたらきかけの姿勢の発話の変化
　表36は行為的機能の発話の指導前と指導後の結果の割合を表したものである。さらに指導前をグラフ8、指導後をグラフ9に示した。

表36　行為的機能の発話の指導前と指導語の結果の割合

指導前	操作的	教示・伝達的	非教示的	教示要求的	攻撃的	共感的	共感要求的	否定的	評価表明的	その他
高位群	2.1	41.2	1.0	10.8	0.0	37.5	2.6	0.0	2.6	2.1
中位群	2.5	48.9	0.5	19.9	1.5	21.2	3.0	0.8	1.6	0.0
低位群	4.7	54.7	3.8	23.6	4.7	6.6	0.0	0.9	0.9	0.0
指導後	操作的	教示・伝達的	非教示的	教示要求的	攻撃的	共感的	共感要求的	否定的	評価表明的	その他
高位群	2.5	41.5	1.1	13.6	0.6	35.4	3.3	0.6	1.1	0.3
中位群	1.3	43.4	1.7	14.4	0.1	34.7	3.7	0.0	0.6	0.1
低位群	3.5	48.8	1.7	19.8	0.0	19.2	0.6	0.0	1.7	4.7

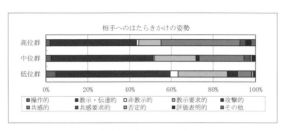

グラフ8　指導前

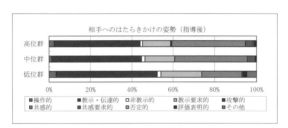

グラフ9　指導後

　低位群では〈共感〉を示す発話が12.6ポイント、中位群では13.5ポイント増加した。

　高位群では大きな変化は見られない。中位群はほぼ高位群と同じ発話傾向に変化している。

　低位群はわずかに見られた〈攻撃的〉や〈否定的〉が減っている。

　《あいづち》《くり返し》《つなげ》による聞き手の能動性は中位群で最も効果があり、ついで低位群にも効果が見られた。

③同調性の発話の変化

　表37は行為的機能の発話の指導前と指導後の結果の割合を表したものである。さらに指導前をグラフ10、指導後をグラフ11に示した。

表37　行為的機能の発話の指導前と指導語の結果の割合

指導前	同調的	非同調的	保留	なし
高位群	49.1	1.0	2.6	47.2
中位群	31.2	5.2	1.4	62.2
低位群	11.3	2.8	0.9	84.9
指導後	同調的	非同調的	保留	なし
高位群	45.4	7.2	0.0	47.4
中位群	45.5	5.6	0.3	48.6
低位群	31.4	8.7	0.6	59.3

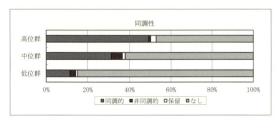

グラフ10　指導前

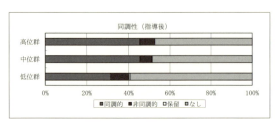

グラフ11　指導後

　〈同調的〉は高位群で減少傾向であるが、中位群は14.3ポイント、低位群で20.1ポイント増加している。同調性において、特に低位群に効果があり、ついで中位群にも効果が見られた。
　〈非同調的〉が低位群で5.9ポイント、高位群で6.2ポイント増加している。他の項目で特に変化の見られなかった高位群について、特徴を示す発話を見ることで高位群の変容は注目すべきである。
　表38は、指導後の対話の記録の高位群44児の〈非同調的〉発話が続いて

いる部分である。

表38　指導後　高位群44児〈非同調的〉発話

学年グループ	発話者名前	発話番号	発　話　内　容	行為的機能	はたらきかけの姿勢	同調性	発話の受け手	発話のきっかけ
6Ａ	44児	23	えっと、私は、あれ、自由席を、あ、席をちゃんと決めた方がいいと思うのね。	4	2		3	1
6Ａ	49児	24	なんで？	1	4		1	3
6Ａ	44児	25	えーだって、なんか、あの席とか、毎日かわるなら、毎日かわるなら、だってさ、そうすると早いもんがちでしょう。	4	2		3	1
6Ａ	49児	26	早いもんがち。	5	7	1	1	3
6Ａ	42児	27	うん、そうだね。	5	7	1	1	3
6Ａ	44児	28	だから、朝早く来てさ、とか、なんか：：	4	2		3	1
6Ａ	42児	29	それはさ、それは努力が報われたんじゃないの？朝早く来たから、//その、権利があんじゃん。	4	8		3	3
6Ａ	44児	30	//うん	5	7	1	1	3
6Ａ	42児	31	だって、遅く//来た人はさ、	4	2		3	1
6Ａ	49児	32	//けど	3	2		1	3
6Ａ	44児	33	//遅く来た人がかわいそうじゃん。	5	2	2	1	3
6Ａ	42児	34	だって、遅く来た方がさあ、もう、悪いんじゃん。そんな、何で遅く来るの。	5	2	2	1	3
6Ａ	44児	35	なんで、だって、朝来るのは自由なんだよ。	5	2	2	1	3
6Ａ	42児	36	自由だけどさ、だってさ、そりゃあさ、あの、席が選びたいからその人は、だって、その人はその人なりにさ、努力してんじゃん。朝早く起きて、朝早く来て。	5	2	2	1	3
6Ａ	44児	37	そんなに早く来てもいけないんだけどさ。	5	2	2	1	3
6Ａ	49児	38	そうか。	5	7	1	1	3

　44児は、席を自由席にした場合、早い者勝ちの競争のようになることや、決まった時刻より早く登校する子どもが増えることをデメリットと考え自分の意見を述べている。
　発話を順に見ていくと、〈2非同調的〉発話の前には、対立する42児の発話が隣接している。しかし、44児はその発話の前後では対立する意見をあいづちなどで〈1同調的〉に受けている。その結果、〈2非同調的〉は

第2章　対話的コミュニケーションを育てる授業　79

発話が続いていても険悪な言い合いにならず、相手の言い分を聞きながら反論する対話になっているのである。

　この発話の連鎖は、批判的に聞くという力につながるものと考える。また、沈黙の学習で聞き取る過程を意識する力として「はてな型」を学習したことのつながりもあるだろう。〈２非同調的〉のみが続く対話は教室コミュニケーションにはなじみにくいが、相手の発話を受ける〈１同調性〉が混在する中での〈１非同調的〉発話の連鎖は、より質の高い対話的コミュニケーションといえよう。

④発話の受け手の種類の発話の変化
　表39は行為的機能の発話の指導前と指導後の結果の割合を表したものである。さらに指導前をグラフ12、指導後をグラフ13に示した。

表39　行為的機能の発話の指導前と指導後の結果の割合

指導前	マトモの聞き手	不特定多数の聞き手	話し手自身
高位群	59.1	40.4	0.5
中位群	46.4	53.4	0.1
低位群	34.9	56.6	8.5

指導後	マトモの聞き手	不特定多数の聞き手	話し手自身
高位群	53.8	46.0	0.3
中位群	54.5	44.8	0.7
低位群	45.9	51.2	2.9

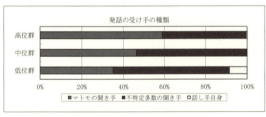

グラフ12　指導前

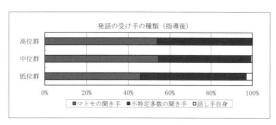

グラフ13　指導後

　低位群は、指導前は〈マトモの聞き手〉は34.9％と他群と比べると少ない。全体に向けての発話が多く、個人に向けた発話が少ないことがわかる。指導後は11ポイント増加し、他群と同じような発話傾向となった。

　高位群は、指導前は〈マトモの聞き手〉は59.1％だったが、指導後にやや減少し他群に近付いている。高位群は《あいづち》《くり返し》の発話が多い子どもであるから、指導前は3人であっても個人的なやりとりに終始しがちで、全体への発話よりも個人へ向かう発話が多く見られる傾向があった。〈不特定多数の聞き手〉が10.3ポイント増加したことは、個人に向かうあいづち以外の発話で、全体へ話す視点をもつことができるようになったと考えられる。

⑤発話のきっかけの発話の変化
　表40は行為的機能の発話の指導前と指導後の結果の割合を表したものである。さらに指導前をグラフ14、指導後をグラフ15に示した。

表40　行為的機能の発話の指導前と指導後の結果の割合

指導前	自発的	事態の推移	自分に向けられた他者の発話	自分に向けられたのでない他者の発話
高位群	39.4	2.1	58.5	0.0
中位群	50.1	2.2	47.2	0.5
低位群	59.4	2.8	37.7	0.0
指導後	自発的	事態の推移	自分に向けられた他者の発話	自分に向けられたのでない他者の発話
高位群	40.4	1.7	56.0	1.9
中位群	41.3	0.5	56.5	1.7
低位群	45.3	2.3	52.3	0.0

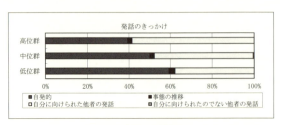

グラフ14　指導前

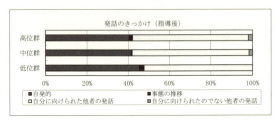

グラフ15　指導後

　低位群、中位群に変化が見られた。〈自発的〉発話が減少し、〈自分に向けられた他者の発話〉をきっかけとした発話は低位群で14.9ポイント、中位群で9.3ポイント増加した。
　全体的に〈事態の推移〉や〈自分に向けられたのでない他者の発話〉には大きな変化は見られない。特徴分析で明らかになったように、〈事態の推移〉は、自分が参加している対話をメタ認知し、見通しをもって方向性を考えながら聞いている能動性が表現されているという側面をもつ。実践授業では、メタ認知する聞き手の能動性への効果は十分ではなかったといえるだろう。

2.3　子どもの意識の変化

　「聞くこと日記」と題する子どもの記録は、自分の聞く生活についての感想・思ったことを書くものである。5年生は14日間、6年生は10日間記録した。

「能動的に聞くことへの自覚化」という視点から子どもの日記の記述から分析する。
　内容を以下の４つに分類した。各分類ごと見られる表現から意識の変化を検討する。
　４つの分類は、
　　Ａ：めあての達成度
　　Ｂ：今後のめあての設定
　　Ｃ：言語生活の自覚・認識
　　Ｄ：感想・その他
である。欠席、記述なしはＤに含むこととした。
　全体の割合は表41に示した。

表41

めあて達成度	今後のめあて	自覚・認識	感想・その他
58.1%	19.8%	2.9%	19.2%

　意識の変化については、学年の発達段階の影響が大きいことが考えられるため、学年別の結果をグラフ16に示した。

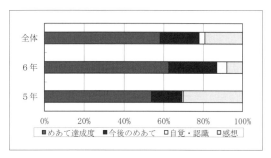

グラフ16

　グラフ16を見ると、５年生は感想・その他の記述が６年生よりも多く、

6年生はめあての達成度や今後のめあてについての記述が多かった。

　記述の時系列での変化を見ると、6年生では、自覚・認識についての記述が指導の過程で次第に見られるようになってくる。5年生ではめあてについての記述は次第に増えてきているが、自覚・認識についての記述はほとんど見られなかった。

①めあて達成度の記述からみえる変化

　内容は自分のめあてができたか、できないかについての記述である。子どもの意識の変化は、指導の中盤から見られる。自己を振り返りできるようになってきている自分を「だんだん」「少しずつ」という言葉を使って表現している。表42にその例を示した。

表42

18児（10/18）	前より多分よくなったと思う。だんだんよくなってよかったです。
20児（10/18）	予測が少しずつできるようになってきた。
33児（10/ 9）	Tくんの言葉をくり返しました。だんだんこつをつかんできたような気がした。
38児（10/ 9）	だんだん「少しできた」が多くなってきたような気がします。もっとがんばって「できた」を多くするぞ。
40児（10/ 8）	「予測」はかんぺきにはできなかったが、だんだん分かってきた。
41児（10/ 8）	だんだんと相手が何を言いたいのか分かってきた。
43児（10/15）	改めて話をしてやはり「聞く」と「聴く」の種類の区別は難しいと思った。だけどきくことを日記に書いているうちにだんだんと分かってきた。それは国語の力と道徳の力がついたあかしだと思った。
52児（10/ 7）	昨日よりよくなったところと悪くなったところの区別がだんだんついてきた。

　変化を自覚的に受けとめている様子がわかる。

②今後のめあての記述からみえる変化

　ここでは、めあての設定に関する記述に特徴が見られる2人の子どもの意識がどのように変化していったかの特徴を分析する。表43に、30児の日記とめあての推移の様子を示した。

表43

NO	月日	内容	めあて
1	（9／29）	話の内容を見てみて、私は、あいづちはできているけどつなげ、予測があまりできていなかったから話をしているときはこの4つのことを入れながら話をしようと思った。	めあて1 4つのこと
2	（9／30）	つなげは友達と話していて言うことができた。友達と話しながら言葉や予測をするのは難しいなあと思った。	
3	（10／2）	沈黙って何だろう。すごいと思った。話をしているとき沈黙は私の中で必要だなあと思った。	
4	（10／3）	予測は友達との会話の中で何回かできたけどやっぱりつなげは会話の中で一つもできなかった。でもこれからは話の中どんどんつなげ・予測を使っていきたい。	めあて2 つなげ・予測
5	（10／6）	つなげが話の中で少しずつできてきた。今度は話していて新しい考えを見つけようと思った。	めあて3 新しい考え
6	（10／7）	今までできなかった予測ができるようになった。自分で決めためあてができると「おぉー、できた！」とうれしくなりました。	
7	（10／8）	沈黙（なるほど型）はやっぱり友達との会話の中でできた。一緒にはてな型もできた。めあてをクリアするととてもうれしいです。	
8	（10／9）	沈黙（にている型）は、あまりできなかったけど、（はてな型）が話の中で「何で？」とか自然にできるようになった。	
9	（10／10）	沈黙（そういえば型）は全然できなかった。けど、予測ができた。賛成か反対というのは話の中ででなかったのでできなかった。	
10	（10／15）	話の中で沈黙が何回かあったけど今まで学習したことを少しずつ使いながら話したらちょっと不自然な感じだった。話していて新しい考えがどんどん思い浮かんだ。	（めあて3達成）

第2章　対話的コミュニケーションを育てる授業　85

めあての設定と自己評価によるめあての達成度の様子を順に見てみよう。

　まず、めあて1で設定したものを、めあて2で焦点化して確認している。そしてめあて2の1つができるようになったとき、めあて3を設定している。つなげることや予測することができるようになったことを自覚し、次に沈黙しているときの思考に設定し直していることがわかる。最後に、めあて3の「新しい考えを見つける」のめあてを達成したと自己評価している。的確な自己評価と並行して次のめあてを設定し、自分の変化を自覚できていることがわかる。

　次に、設定しためあてを達成することだけでなくさまざまな試行錯誤の様子が見られる例を見てみよう。表44に、31児の日記とめあての推移の様子を示した。

表44

NO　月日	内容	めあて
1 （9/29）	もっと分かりやすく話せないかなあと思いました。あいづちはできたけれど、つなげることができていなかったのでやってみたいと思います。	めあて1 つなげ
2 （9/30）	今日は少しつなげることがすこしできるようになりました。相手の言いたいことをもう少し予測できるようにしたいです。	めあて2 予測
3 （10/2）	沈黙のことを勉強したけれど、話すとき、やっぱり沈黙が多かったので、沈黙を減らすようにしたいです。	めあて3 沈黙減らす
4 （10/3）	相手の言いたいことを予測するのはとても難しかったです。でも、すこしできたのでよかったです。	
5 （10/6）	相手の言ったことをくり返し確かめるのは簡単だけれど、気をつけていないとできないのでなかなか大変でした。	
6 （10/7）	聞くこと日記に書いた目標のことを考えながら聞くとけっこうつなげることができました。	（めあて1達成）

7 (10/ 8)	相手に分かりやすく話すためにどうすればいいのかまだよく分かりませんでした。また明日も同じ目標でがんばりたいと思います。	
8 (10/ 9)	めあてのことを考えながら話すことと相手が思っていることを予測することが分かりやすく話すことだと思いました。	
9 (10/10)	予測するのは難しいけど、相手が言いそうなことをなんとなく言ってみると、だいたい当たっていました。	（めあて2達成）
10 (10/15)	前にやったときより沈黙がなくなりました。それに話すことをちゃんと整理してなるべく分かりやすく話すことができたと思います。聞くことを考えることなんて今までなかったと思います。	（めあて3達成）

　めあてを設定しているが、それ以外のことにも難しさや疑問を感じながら、解決方法を探っている様子がうかがえる。「できるようにしたい」と考えためあてを達成するために自分なりの答えを見つけている。試行錯誤の中で気付き、聞くことへの認識が変化していることがわかる。

③自覚・認識の記述からみえる変化
　自覚・認識の記述は、全体の2.9％にあたる24見られた。内容を見ると、言語生活の再発見、自己認識、他者認識の3つに分類することができる。
　言語生活の再発見は、どのようにするとよりよい聞き手になれるのかを自分なりに考え、こつをつかんだり、つながりや規則を見つけたという内容である。15例見られた。
　自己認識は、今まで気付かなかった自分の側面に気付いたり、聞き方や話し方の傾向に気付いたりしたという内容である。5例見られた。
　他者認識は、客観的に他者と自己についてとらえる視点をもった内容である。4例見られた。内容例は表45に示した。

表45

分類名	内容例
言語生活の再発見	一生懸命言えたなと思いました。つなげることもできました。こつもつかんできた。
	話をしていてあいづちを返しながら聞くと、やはり会話がはずみととても楽しくしゃべれるんですね。
自己認識	くり返すにしてみてよくくり返ししていることが分かった。わたしはよく、くり返しをしているみたい。自分で自分を発見したようだった。
	「聞くことを見つめよう」をやっていて自分がとても変わったと思う。
他者認識	やっぱり人と人の考えは違う。
	友達と話しているとき、時々私と友達は全く違う人なんだなあと思います。かなしいけれどそれはそれで人は全く違う考えを自分に伝えてとてもうれしいのかもしれません。

　言語生活を自分がどのように過ごしているかを認識することによって、いままで気づかなかった自分自身のことや、他者の異質性に気付き考えを深めている様子がうかがえる。ここにも認識の変化を見ることができる。

3　考察

　分析で得られた結果を、対話的コミュニケーションの諸側面に照らし、協働の発話の構築、予測不可能事象、認識の深化の３点から考察する。

3.1　協働の発話の構築

　実践授業は、以下の２つの視点から、協働の発話の構築に有効であった。

　第１に、行為的機能の〈注目表示〉として、共感を個人に向けて伝え、その発話の一部をくり返したり、訂正したり、予測したりする発話は、指導によって増加した。さらに、指導前に〈注目表示〉の発話数が少ない低位群と、平均的な中位群の子どもに特に効果があった。つまり、どちらかというと人間関係力において未熟な子どもに対して、実践授業が有効であったことを示している。

　社会生活の基本であるコミュニケーション及び人間関係力は現在の教育課題の中でも重要視されている。ともすれば人間関係力の未熟な子どもほど、自身の人間関係力の小さな変化を周囲に気付いてもらえないだけでな

く自分自身で気付くことができず、自己肯定感をもてない。この実践授業
では、発話記録を見て子ども自身が変容を自覚できるだけでなく、周囲の
友達が個人の変容を共有できる。だからこそ特に低位群、中位群に効果が
見られたことは協働の発話の構築という視点のみならず、子ども全体の人
間関係力という視点からも有効であったと考える。

　第2に行為的機能の〈注目表示〉に着目する指導をすることによって、
〈注目表示〉だけでなく相手へのはたらきかけの姿勢の〈共感〉、同調性が
増加している。また、発話のきっかけの〈自分に向けられたのでない他者
の発話〉は、全体数は少ないが増加している。また、相手へのはたらきか
けの姿勢の〈操作的〉〈攻撃的〉が減少している。これらの変化は、子ど
もの発話内容が協働の発話を構築する対話的コミュニケーションへの変容
であり、授業の効果が見られたと考える。

3.2　予測不可能事象への対応

　実践授業は、メタ認知力の育成という側面では不十分であった。しかし
批判的思考力という側面から予測不可能事象への対応の様子をとらえると
効果が見られた。

　対話的コミュニケーションの見通しをもつことは、その場で「いま、ここ、
自分」の対応がせまられる予測不可能事象に対峙することだ。分析では対
話的コミュニケーションの見通しをもつことによって生まれる〈事態の推
移〉をきっかけとした発話は減少している。子どもの意識は、どのように
話し合いを進めるかよりも、どのように他者の発話を聞くかということに
向けられていた。これは、聞いたことを、「くり返し」「つなげ」「先を予測」
するなど「能動的な聞き手」の枠組みを意識することによって、話し合い
そのものを客観的に俯瞰する視点が限定されたことが原因だと考える。つ
まり、メタ認知力を育てる学習には成り得ていなかった。自分の対話的コ
ミュニケーションを自覚するだけでなく、話し合い全体をどのように進め
ていったらよいかという視点からの授業構成が不十分であった。

　ここで、批判的思考力という側面からとらえ直して分析を検討しよう。

第2章　対話的コミュニケーションを育てる授業　89

同調性の〈非同調的〉が、各群で増加した。特に他の発話機能について
は大きな効果が見られなかった高位群で変化が見られたことに注目する。
発話の内容を見ると意見が対立した場面で、あいづちを返しながらも、安
易に同調せず、自分の主張を述べるという発話の隣接対がみられた。つま
り、相手の主張を認める一方で、自分と考えが異なる場合や相手の主張に
疑問点がある場合は、遠慮なく〈非同調的〉な発話ができるようになった
と読み取ることができる。自分の主張と異なり、予測できなかった他者の
意見に対して、異論を唱えることは予測不可能事象に対応する力の一つと
考えられる。

岡田（1993）は、かかわりを4種類に分類している。「権力的かかわり、
権威的かかわり、認知葛藤的かかわり、受容的・呼応的かかわり」である。
筆者は、受容的・呼応的かかわりを十分体験することが先ず必要だと考え
る。しかし、その先には認知葛藤的かかわりがあり、「自分とは異質な考
え方の相手との出会い」によって、「自分とは違うもの、別の意味の源泉
を知ることの喜び」を実感できるのだと考える。高位群でこの特徴が見ら
れたことから、十分受容的・呼応的かかわりの体験できた子どもが、認知
葛藤的関わりへと進むことができたのではないかと推測できる。

今後は、メタ認知力・批判的思考力という側面から対話的コミュニケー
ションの力を育成する授業を構想するとともに、受容的・呼応的かかわり
から認知葛藤的かかわりへ移行する指導のスモールステップを明らかにす
ることが課題である。

3.3 認識の深化

日記の記述内容の分析から、子どもの認識は次第に変化し、自分がどの
ように聞いているか、どのようなことができるようになったか、次にどの
めあてを設定していったらよいのか、という自分を認識するようになった
ことがわかった。授業によって、自分の言語生活を自覚させることができ
た。

認識の深化の段階として、筆者は次の5段階の筋道を仮説とする。

1　外からの働きかけがあり自分の言語生活を振り返る
2　振り返り考えたことを次のめあてにつなげて考える
3　自分の変容に気付く
4　言語活動そのものについての視点が生まれる
5　外からの働きかけがなくても自分の言語生活を自覚できる

　本授業実践は2あるいは3段階まで到達できた。さらに一部に4段階の認識をもつ記述も見られた。今後、年間学習指導計画に対話的コミュニケーションの力を育てる学習を位置づけて実践を行うことにより、より上の段階へと向かうことができることが期待される。
　佐伯（1990）は、「子どもは『考えさせられて』いるが、いまだ『考える子』になっていない」として、「自発的に行う吟味によって、どれだけの知識のもつ真実感、ひろがり、他のこととのつながりがわかってくるか」ということを大切にした営みが教育に求められているという。そして、「認識の活動性と自己の原因性」に関して次のように述べている。

　　自分が外界の変化をもたらす原因となりえることを学ぶには、まず、自己の可能性に関して、現実的な眼でとらえることを知らなければならない。（中略）本当に自分にあった目標を自分で定めることができると、心に平和とゆとりが生れ、探求心が自然にわき起ってくるものである。教育目標を明確にというのが教育工学の鉄則であったが、ついでに付け加えると、ひとりひとりの学習者が「自らに適した目標を明確にもつこと」も強調しておかねばならないであろう。（pp.130-131）

　自分を現実的に見つめ、自分にあっためあてを定めて学んでいくことこそ、認識が活動していくのだというのである。佐伯胖の「『考える子』を育てるには考えるということの豊かさ深さを味わうことから始めたい」という言葉を借りていえば、「対話的コミュニケーションの力を育てるには、対話的コミュニケーションの豊かさ深さを味わうことから始めたい。」と

いう立場から構想した授業であった。実践授業は、子どもの認識をわずか
に変化させたに過ぎないが、長期的な実践によって認識を深めることにな
ると考える。

4 結論

　対話的コミュニケーションを「能動的な聞き手」の視点からとらえるこ
との重要性を先行研究から明らかにし、ヴィゴツキーの発達の最近接領域
からとらえた双方向的、水平的な相互作用の分析することによって検討し
てきた。その結果、対話的コミュニケーションの特徴は、協働の発話の構
築、予測不可能事象への対応、認識の深化という3つであると考察した。
これらの特徴をふまえた上で、実践授業を行い、その効果を検証した。結
果は、協働の発話の構築、認識の深化の2点については効果が見られたが、
予測不可能事象への対応については十分な効果は得られなかった。以上の
ことから、対話的コミュニケーションを「能動的な聞き手」の視点からと
らえることが、小学校国語科教育の授業での子どもの変容につながること
がわかった。さらに、メタ認知力、批判的思考力という側面から対話的コ
ミュニケーションをとらえた授業を構築することが今後の課題である。

　佐藤（2000）は、コンテクスト（場面・状況）の多層性に注目する。平
田（2001）は、伝わらない経験が重要であり、伝えたいと真に思うことか
ら対話的コミュニケーションが生まれ、それは「差異から来る豊かさ」だ
という。発達論から見ても、互いの差異を理解した上で差異の中に喜びを
見いだすことができるのは、小学校高学年からになるだろう。差異性に着
目し、差異性からメタ認知力や批判的思考力に迫ることは、小学校高学年
の実践授業として今後可能であろう。両者とも、対話的コミュニケーショ
ンには、表出された音声の言葉のみではなく、社会的・文化的背景が潜在
しているというのである。

　対話的コミュニケーションのメタ認知、批判的思考を考えるとき、社会
的・文化的多層性は重要な意味をもつ。言わなくてもわかる互いを察し合
う文化から、言わないとわからない批判と説得の文化へと変換している社

会状況を考えなくてはならない。多文化多言語の時代に、国語科教育にとどまらず、国際理解教育への発展も視野に入れた対話的コミュニケーションの研究が必要である。

　また、子どもの発話をすべて文字化し、発話機能ごとに分類し、ひとつひとつの分類項目ごとにカテゴライズすることによって、教師の実感や手応えとしては感じられるが他者に説明する客観性に欠ける子どもの変容を、具体的な姿として示すことができた。子ども自身が、なんだかうまくいったと感じ、できるようになったと喜びを感じたことを裏付けるデータを示すことは、子どもの自己肯定感につながるものである。佐藤（1999）は、このように「相互作用の場面を取り上げることは、個人と社会というものを可能な限り具体的な場の中で考察していくことにもつながる。微視発生的過程の中でこそこの両者のせめぎ合いの具体的な姿を見ることができる」という。

　しかし一方で、教育活動は絶え間なく多くの子どもたちがかかわり合い、変化し続けるものである。微視的分析は、実践の教育現場にはなじみにくく、研究と実践とが遊離しかねない。微視的分析の視点をもちながら、長い時間軸、広い空間軸で対話的コミュニケーションを見据える視点をもあわせもつ必要がある。教室の中の1時間の学習を小さく砕いてそのひとつひとつを他とのつながりにおいて分析するという視点とともに、その1時間の学習がその前後の学習、他の学習、言語生活にどのような関わりをもち相互に作用しているのかという視点を合わせもつことが求められる。

　そこで、次章からは対話的コミュニケーションを育む教室を、時間軸と空間軸から明らかにすることとする。

第3章
対話的コミュニケーションを育む教師の信念

　本章では、教師の側から対話的コミュニケーションをとらえ直す。まず第1節では教師の信念研究を、ライフストーリー、アクションリサーチ、ナラティブ・アプローチ、TAE質的研究の先行研究から概観する。第2節では、教師の信念の研究方法としてTAE（Thinking At the Edge）の有効性を論じ、分析方法を整理する。第3節では、対話的コミュニケーションを育むことを目指す教師のインタビューデータをTAEで分析し、その信念を明らかにする。さらに、対話的コミュニケーションを育むことと教師の信念との関係を明らかにする。

第1節　教師の信念

　本節では、まず、子どもの対話的コミュニケーションの力を育む教師のものの見方の重要性から教師の信念に着目する。さらに質的研究から教師の信念研究を概観する。

1　対話的コミュニケーションと教師のものの見方

　子どもの対話的コミュニケーションを育てるには、対話的コミュニケーションに対しての知識をもち、指導する技能を身につけている教師の存在が求められる。一柳（2010）は、伝統的な教室のコミュニケーションの問題点を、子どもは教師の問いに応じることや正解を発言することが求められ、教師の知っている内容、教師の考えに基づいて授業が進むことだとしている。そして、改善するには「教材との出会いをたずねる教師の問い・

子どもの問いから出発する・子どもの発言を評価しない・教材を媒介したやりとり・発言を丁寧に聴く」の5つが重要であると指摘している。本書第2章の実践研究では、対話記録を文字化した学習資料を活用し、聞く活動を自覚させ、生活のなかで生かしていくことを繰り返していく指導方法等を挙げた。このような技法を有効に機能させるために、本節では教師が「ものごとをどう見るか」という視点から検討する。そこで、教師自身の対話的コミュニケーションに注目する。

対話的コミュニケーションの定義（第1章参照）を確認する。

「基本的立場は一対一の話し言葉の通じ合いであるが、形態は一対多、一対衆の場合もあり音声言語活動全てを視野にいれた対話を媒介とする。異質な他者や自己との対峙であり共同体を形成する働きをもつ、人間形成に資する相互作用である。」

教師が異質な他者と出会う学びを基本としてとらえ、教師自身が自己との対峙を自覚することは対話的コミュニケーションを実現する必要条件である。しかし、「異質な他者や自己との対峙」を、教師自身が実現しているのだろうか。

言語論理教育としての国語科の役割の重要性を指摘し、国語科教育と哲学について一貫して論じているのは井上尚美である。井上（1989）は、「哲学とは物事を根源的に問うものであり、全体的に把握しようとするものである」と、わかりやすく規定した上で、国語科教育の考えるべき最も重要な問題は、教師自身の言語観・教育観・国語教育観などの「観（ものごとをどう見るか）」であるとしている。また井上（2012）は、論理的思考というものは、「物事に接して感動し・驚き・疑問や腑に落ちない感じを持つような、実感・心情を含めた生活全体を基盤として、その中からでてくるもの」とし、言語論理教育の目指すものは、「物事をできるだけ深く・広く考えて、総合的に判断し・評価する能力をつけるということにある。これは、別の言葉でいえば『子どもに哲学を教える』ということに他ならない。」と述べている。

井上は、何かに出会い、感動したり驚いたりする感情の動きが生活の中

に耕されていることが思考の根幹であるとする。そして疑問や、腑に落ちない違和感やぴったりこない感じがもやもやと生まれてくる。そういう生活全体が土台となって論理的思考が育つとしている。そのためには、生活者としての感度の高さと、自己の情動への気付きの深さが求められる。

　また、教師の観（ものごとをどう見るか）は、教師自身がものごとをどう見ているか、感じているか、考えているかについて客観的に振り返り、言葉にしていくことを通して自覚される。表面的なものでなく、部分的なものでなく、自己に問い続けることでより深く正しく認識することが可能になる。

　教師が「観」に向き合うことなしに、子どもの「観」を育てることはできないという前提がそこにある。子どもの対話的コミュニケーションを育てるには、教師自身が、自己に向き合い内なる自己と対話し自己を更新していくことをおろそかにはできない。それは、「根源的に問い、全体的に把握しようとする」教師である。そのような教師の信念とはどのようなものだろうか。

2　教師の信念研究

　教師の信念を明らかにするためには、表面的にあらわれるものだけでなく、含意され暗在しているものを明らかにする必要がある。すべての認識には暗黙知があるとするポランニー（2003）は、「注意を向けていないようにみえるいまだ定かならぬ暗示＝含意（implication）」こそ重要であるとする。言語化されないものをみのがさないという指摘である。

　言語化されないものを対象にした研究方法として、多くの研究分野で質的研究が取り入れられ、方法論も多様である。秋田（2007, p.9）は、「質的研究は、その場に生きる人々にとっての事象や行為の意味を解釈し、その場その時のローカルな状況の意味を具体的に解釈し構成していく（meaning-making）ことを目指し」、当事者の視点が重視されると同時に具体的な時間や歴史性、空間的な文脈の具体性、固有で特殊ななかでの意味の解釈が重視されるとしている。また、村里（2016）は、質的研究には哲

学的基礎づけが必要であるとして、とりわけ現象学の有効性を指摘している。

中坪（2012）は、質的研究と保育・教育現場との親和性から、実践者が自分の実践を振り返ったり、子どもを理解したりするための方法論としても有効であるとして、エピソード記述、エスノグラフィー、サウンドエスノグラフィー、映像実践、TAEなどを挙げている。末武ら（2016）は、6つの質的研究法として、GTA（グランウンデッド・セオリー・アプローチ）、M-GTA（修正版グラウンデッド・セオリー・アプローチ）、ナラティブ・アプローチ、TEA（複線径路等至性アプローチ）、IPA（解釈（学）的現象学的分析）、TAE（Thinking At the Edge）を挙げ、理論と研究の具体的な手順と方法を紹介している。

信念は、実践によって形成される。また自らの実践を振り返り言語化することでその実践は信念として自覚され、さらに暗在化して実践の中で働くことになる。この過程を明らかにする国語科教師の信念研究として、ライフストーリー、アクションリサーチ、ナラティブ・アプローチ、TAE質的研究等がある。

藤原ら（2006）は、ライフストーリー研究として典型性の見いだせる事例の提起を事例研究の第一の意義としている。単元学習を数多く開発し実践してきた遠藤のライフストーリーを包括的に把握し、その信念を実践と共に明らかにした。インタビューデータに加えて授業観察も併用し、典型性の見いだせる事例を分析している。その結果教師としての信念と実践とが個別具体的な一例であるゆえの説得力をもつと同時に、一般化へつながる普遍性をもつ分析となっている。

細川（2013）は、フレーム分析を通し教師自身の国語教育観を問い直す協働学習的アクションリサーチを提言している。教師が無意識に、または意識的に実践の中で起こる豊かな出来事に対して、どのように反応をするのかという基盤・基準をフレームとする。協働学習的に授業を見合い、違いを見つけることからフレームを明確化し、自己のライフストーリーと結びつけることによりフレームの相対化と変容を言語化する過程を協働学習

的アクションリサーチと名付けている。例えば2名のインタビューを経年変化と共に分析している。大学4年生の時の授業分析と、小学校教員として2年目の授業分析とを重ねることにより、フレームの変容を明らかにし、その結果から、教師の信念は協働学習を通して動的に展開していくことを示唆している。

丸山（2014）は国語科教師の授業実践知を明らかにするとともに、授業改善に向けての省察を軸とする教師の学習の進め方のモデルを示している。教師の経験プロセスの認識・判断・意図を概念化すると同時に、授業実践知の更新に至る教師の学習過程を解明するためにナラティブ・アプローチを採用している。例えば、熟練教師と新任教師の対照性を浮き彫りにした分析がある。学習者たちの人生観や価値観を反映させた読みを交流することを可能にするためには、授業を断片ではなく全体としてとらえる実践知や、授業の構成要素を関連付ける実践知が必要であることを明らかにした。その結果、教師の信念により実践知は作られ、蓄積され、授業実践に顕在化していることを検証した。

坂本（2016）は、研究授業体験の語りを分析し、3年目の2人の教師の国語科研究授業の意味を明らかにした。グッドソン（2001）、能智（2006）、ショーン（2001）から、教師が語ることによって生まれる内的な対話の有用性、一つひとつの言葉が発せられたコンテクストを保ちつつ分析を進めていくこと、そしてうまく言葉にできないことを言葉にすることという3つの視点を得た結果、TAEステップによる質的研究を選択した。研究授業までの過程を省察し語ることを通して、2人の教師の個性と国語科教育への信念（国語科教育観）とを浮き彫りにしている。さらに、自己の信念を自覚することを通して、研究授業の体験の意味が明らかになり、次のステップへの具体的なイメージの可能性を分析後のインタビューから明らかにした。

これらの知見から、TAE質的研究法を取り上げ次節でその詳細を解説する。

第2節　TAEの理論と質的研究

　本節では、対話的コミュニケーションを育む教師の信念研究の方法とし
てTAE質的研究を取り上げる。まず、TAEの理論を得丸（2016）から整
理する。次にTAE質的研究法について手順と方法を概説する。

1　TAEの理論

　TAEは、現象学者であり心理学者でもあるユージン・ジェンドリン
（Eugene T. Gendlin, 2004）が開発した理論構築法TAE（Thinking At the
Edge）であり、「暗在性（the implicit）の哲学」から生まれた生産的思考
法（Generative Thinking）である。内的体験から言語を創造的に使用する
ことを繰り返し、他者へ向けて応答的で明快な創造的表現を目指す。エッ
ジ（Edge）とは、「未だ言語化されないところ」を意味する。言語的には
ぼんやりとしてはっきりしないが、からだの感覚としては自分に浮かんで
くるのが明瞭にわかる何かである。TAEは、「何か言葉にしようとするの
だが最初はぼんやりとした『からだの感覚』としてだけ浮かんでくるもの
を、新しいタームを用いてはっきりと表すための系統だった方法」（Gendlin,
2004）である。言語化することが難しい体験的意味を、自身の身体感覚と
照合させ、ぴったりする言葉を選ばせながら進む。

　TAEを質的研究法として確立したのは得丸（2010）である。言語化しが
たい体験の意味領域を、体験過程に言語を選ばせながらステップに沿って
進むため「ステップ式質的研究法」とも呼ばれる。教育、心理、福祉、看
護分野での研究が近年急速に広がっている。例えば、高木（2014）は英語
科教員養成課程の大学生が自分自身の英語学習体験を振り返ったデータか
ら、その省察の意味を明らかにした。白田（2015）は、日本語教師として
出会った在日外国人へのインタビューデータをもとに、日本人配偶者と
共に日本で生活するためのアイデンティティと文化的価値観を明らかにし
た。末武（2016）は、臨床心理士としての体験事例をデータとして、その

自身の変化のプロセスと意味を明らかにした。田村・末次（2016）は、看護師として対応する患者へのインタビューから治療方法を選択していく過程とその意味を明らかにした。

　得丸（2016）は、TAEの理論を「意味感覚（フェルトセンス）」「パターン、論理形式、概念」「メタファ（隠喩）」の３点から整理している。以下、得丸（2016）を引用しながらジェンドリン理論を整理する。

1.1　意味感覚（フェルトセンス）

　意味感覚（フェルトセンス）とは、うまく言葉にできないが感覚として感じられるものをさす。身体の内側に注意を向けると体験の塊（直接照合体）が形成され感じられるものである。意味感覚をジェンドリンは「感じられた意味」として「フェルトセンス」ともよんでいる。得丸（2016）は、次のように述べている。

　　ジェンドリン理論では、「意味感覚（フェルトセンス）」の特徴として、「まだ現れていないさらなる正確さ」があること、うまく言葉にすることができず漠然としており未分化であるが、既に「まだ特定されていない多くの意味」を含んでいることをあげる。（Gendlin, 1962, p.162）。未分化だからこそ「差異を保持したまま葛藤が統一されうる」のである。（Gendlin, 1991, p.57）（p.114）

　意味感覚は、特定できず未分化であるためにぼんやりしているのだが、特定されないのは多くの意味を複合的にもつからである。従って、差異を持ち合わせる複雑さのままで言語化されるため、形容詞やオノマトペなどを複数用いて表現される。意味感覚を中心に置くことで、重層性や多様さを含めた分析が可能になる。

1.2　パターン、論理形式、概念

　パターンとは、「この感じ」として感じられる意味感覚にさらに注

意を向けていると、「この感じ」に留まらず、「こんな（このような）感じ」として感じられるようになるものを指す。意味感覚が「同一さ」（a sameness）を生み、それらがパターンとなる。そうして生まれたパターンに論理形式を当てはめることにより概念が生成される。得丸（2016）は以下のようにジェンドリンの考えを整理している。

> 類似する「パターン」が（スキーマとして）あてはめられることが続くと、「共通組織」が、一般的かつ独立的な特徴を帯びてくる。それが論理形式だとされ、例として、部分—全体、衝動—結果、衝撃—抵抗があげられている。ジェンドリン理論では、「概念」は、「論理形式」を含む語に用いられている（Gendlin, 1962, p.217）。上記の例では「部分」「全体」「衝動」「結果」「衝撃」「抵抗」の語は、「概念」といえる。「概念」は本質的に「パターン」を含んでいる。（pp.116-117）

「生徒」という用語を例にして上記の内容を整理して述べる。「生徒」とは、広辞苑（第六版）によれば「学校などで教育を受ける者。特に中等学校（中学校・高等学校）で教育を受ける者。」とある。ここで仮に「論理形式」の一例を、等式（イコール）として、「生徒」と「先生」という用語の意味感覚を等式（イコール）で結んでみるとする。本来全く異なる用語であるため、そこには違和感がある。しかし、その意味感覚を感じてみると、「生徒」の中に「先生」といえるような局面が立ち上がりつつ気付かれてくる。例えば「生徒が学び合う時、教え合う関わりを通して生徒の中に優れた教師の姿が生まれる」と気付く。あるいは「生徒の姿を映し鏡ととらえると、教師の指導の評価は生徒の姿そのものである。つまり、生徒こそ教師にとっての教師である」と気付くかもしれない。ここに、論理形式を適用することにより新しいパターンや概念が生成されることになる。そして同時に、「生徒」と「先生」とが等式（イコール）で結ばれることによって、等式（イコール）で結ばれない部分、つまり差異がくっきりと浮かび上がることになる。「同一」を保ちつつ新しい気付きを含意して分化していくことが繰り返さ

れることにより、「先生」と「生徒」の意味感覚が言語化される。これは、「機能的同等性の原理」と呼ばれ、漠然とした意味感覚から用語の概念を導き出すことができるものである。

1.3　メタファ（隠喩）

　メタファ（隠喩）は、パターンの類似が生じる過程に不可欠であるとして、得丸（2016）は以下のように述べている。

> 　メタファは、新しい経験の「未分化な意味の塊（直接照合体）」と、すでにあるシンボルの「未分化な意味の塊（直接照合体）」に新しい側面を出現させる。その新しい側面が「類似」である。(Gendlin, 1962, p.115)。ジェンドリン理論では、この「類似」の創造が「意味」の創造である。照合する行為（作用）が、新しい面を出現させる。二つの領域を媒介できるメタファと、その媒介機能を作用させる「直接照合」という行為が非常に重要である。(p.119)

　メタファは、身体の中で機能し、類似が生まれ、パターンや論理形式を操作的に用いるときにも機能する。メタファ（隠喩）を用いることにより、全く異なる用語や概念の中に類似が生まれる。それは、まだ言葉にならない意味感覚が、類似性からメタファ（隠喩）の姿で言葉となるのである。

　類似が生まれることにより、新しい側面から言葉になる。それを繰り返すことにより、ぼんやりしていた意味感覚の側面が様々な方向から言語化される。これが、概念を生成するのである。

2　TAE質的研究法

　ジェンドリンはTAEのステップを14示しているが、得丸（2016）は、わかりやすく5つのパートにまとめた。①全体と中核を把握するパート（ステップ1から5）、②部分を順次見ていくパート（ステップ6・7）、③側面関係構成のパート（ステップ8・9）、④用語システム構築のパート（ス

テップ10から12)、⑤確認のパート（ステップ13・14）である。「質的研究法TAE」としてはWeb上にシートが公開されているため、ダウンロードして利用することができる。(http://qua.taejapan.org/)

　以下、パートごとに研究の手順と方法を概説する。

2.1　全体と中核を把握するパート

　このパートは、「データ理解」の全体を画定し中核を把握することを目的とする。

　分析開始に先立ち、データを読み込み全体に表現されていることをつかみ、意味感覚を感じる。感覚に焦点を合わせ、身体の内側から浮かび上がる語を書き出す。「差異を保持したまま葛藤を統一する」ことができるように、複雑なデータの内容を簡単な言葉に置き換えることなく、ぽつりぽつりと浮かび上がる言葉をすくいとるようにする。その中から重要と感じられる用語を数個選び、組み合わせを考えて短い句や文にして表現してみる。選んだ語の辞書的な意味を確認した後、辞書的意味ではとらえきれない意味感覚を言葉にしていくことを繰り返して練り上げ、短い句や文としてまとめる。これがデータ全体の中核にあたる。分析する際には、この中核である句や文を手元に置き、参照することで、全体の理解から外れることを防ぐことができる。

2.2　部分を順次見ていくパート

　このパートは、「データ理解」に側面を立ち上げることを目的とする。

　データから重要だと感じられるできごとやまとまりを実例として抜き出す。データ全体から類似している事例をまとめ、そこに共通性を見いだす。短い文にしてラベルをつけることにより、データ全体の一側面が言語化されたことになる。これがパターンである。パターンごとに実例及び類似例を整理する。

2.3 側面関係構成のパート

　このパートは、「データ理解」の側面を関連付けることを目的とする。

　データ全体の側面が切り出されてパターンとして言語化されている。その側面同士を関連付け類似性と差異性を言語化していく。この過程を「交差」とよぶ。あるパターンの中にある別のパターンの類似性を見いだして文にすることで、新しいパターンが生まれる。はじめに5つのパターンが生成されていた場合は、それぞれのパターンを交差し新たに20のパターンが生成されることになる。

2.4 用語システム構築のパート

　このパートは、ここまでの分析で重要語として抽出した概念同士のシステムを構築することを目的とする。

　生成されたパターンから用語（概念）システムを構築するには、3つの過程がある。用語関連・用語探索・用語組込である。

　用語関連は、パターン一覧から、重要だと思われる語を選定しその用語を「A＝B」という文にしてみることにより、相互の関連を見る。意味感覚を論理形式の中に入れることで、類似性と差異性とが立ち上がる過程で生まれる気付きをメモし、さらに新しい重要語を抽出していく。

　用語探索は、「AはBという性質をもつ」という論理形式を当てはめ、相互の関連を探索する。Aはもともとβという性質をもっているとしてみて、それはどんな性質だろうと自問する。ここでも立ち上がる類似性と差異性から生まれる気付きをメモし、新しい重要語を抽出する。

　用語組込は、ここまでの過程で抽出された重要語を組み込んで文を作成する。重要語のそれぞれを主語として、それ以外の重要語を用いてデータ全体の意味内容を表現する。ここで作る文を「骨格文」とよぶ。骨格文は抽象度が高く理解しにくい表現になっていることが多い。必要に応じてデータに即した補足語句を加えて表現し直す。これを「結果文」と呼ぶ。

2.5 確認のパート

このパートは、概念システムを確認することを目的とする。「結果文」とデータとを照合させ、システムを確認するのである。結果文を意味のまとまりごとに分割し、その内容ごとに元データの記述と対応させる。このことにより、抽象化した概念がデータから抽出されたことのエビデンスを示すことができる。

第3節　対話的コミュニケーションをめざす教師の信念の分析

本節では、一人の若手教師の信念をTAE質的研究により明らかにする。TAEステップにより信念を分析し、その結果を、〈問い合い・心地よさ・集団の言葉・授業のセンス〉の4点から考察する。

1　分析の目的と方法

国語科教育への信念は、教師により様々である。信念は重層的、多面的である。切り取る断面によって見えてくる姿も変化する。また、教師としての経験を重ねることにより、変化し続けるものでもある。本節では、対話的コミュニケーションをめざす教師の信念を明らかにすることを目的とする。そこで、分析対象として教師経験の浅い若手教師を選ぶことにする。

古河先生（仮名）は、数年の個別指導教諭を経て、小学校の通常学級の担任教諭として2年目を迎えた。自分自身の国語の授業について「うまく言葉にできない」「イメージはあるけれど、どうしたいかわからない」「他の人に説明できないから、研究会に参加したくない」と語り、言語化する方法を探っていた。古河先生は、自身の国語科教育への信念をうまく言語化できないことに悩み、また、自分自身に信念があるのかということにも疑いを抱いているように見受けられた。そこで、国語科教育への意欲をもっており手探りで実践へと結び付けようとしている教師の信念を、対話的コミュニケーションの側面からとらえ直すこととする。

分析方法は、前節で述べたTAE質的研究をステップに沿って用いる。

半構造化面接を行い収集したインタビューデータをプロトコル化し分析対象とした。さらに、インタビューの中で示された学級の子どもの「あのね帳」の記録は資料とした。時間は1時間32分間、主な質問内容は、「国語の授業で大事にしていることは何ですか」「個別指導の体験を経たことが、今の国語教育にどのように関わっていますか」「あなたにとって国語、あるいは国語科教育とはどのようなものですか」などである。

2 TAEステップによる分析過程
2.1 全体と中核を把握するパート

　このパートでは、「データ理解」の全体を画定し中核を把握するため、インタビューデータ全体を短い文として設定する。

　まず、データから重要と思われた語を選定した。「ひっかかり・ゴールのイメージ・ひきだしをふやす・レジャー・生きることの土台・言葉の質・精査・よりよく生きるため・行きたい先・どうしたいか・こだわり・センス・ちゃんと伝える・自分のやりたいこと・しつこさ・意味の重視・娯楽・思い優先・センスとしか言えないもの・たまってきたもの・母語との比較・ありったけの言葉で伝えること・問いかけ合うこと・やりとりのなかの幸せ・気に入るとしか言えないもの・こだわりが活かされる・子どもがかわいい」の27が取り出された。そこから「意味を問いかけ合うセンスは、ゆるみのある心地よさである。」という中核となる文（マイセンテンス）を設定した。この中核となる文について、本人の意味感覚と照合してもらい確認を得た。（資料1参照）

2.2 部分を順次みていくパート

　このパートは、インタビューのデータを読み込み理解し、いくつかの側面を立ち上げ、そこにラベル（パターン名）をつける。

　インタビューの語りには、内容のまとまりごとに通し番号をつけた。国語科教育についての信念に関連する内容を分類整理し、11のパターンを抽出した。さらにそれらの類似例を語りの中から48を整理した。パターンの

第3章　対話的コミュニケーションを育む教師の信念　107

後に事例数を（　）として示した。パターン抽出の後、分析過程について本人に説明し、不十分であるところは追加で語ってもらい、修正を加えた。パターン一覧を表46に示す。（資料2参照）

表46　パターン一覧

パターン1	心地よさがあるから言葉が身に付く（4）
パターン2	双方向の交換から生まれる交流が楽しい（3）
パターン3	教室空間では言葉の役割が大きい（3）
パターン4	願いとゴールを結び付けて考えることはセンスだ（7）
パターン5	変化を見逃さないのは、そこにあるものを信じるからだ（3）
パターン6	子どもから学ぶことで自分の枠組みがひろがる（2）
パターン7	自分のこだわりは貫きたい（5）
パターン8	意味を探すことは言葉で人と関われるようになることだ（5）
パターン9	読むことも意見を言うことも心地よい（4）
パターン10	自分の軸は言葉の質を問うことだ（7）
パターン11	自分の意見を外から見つめることができるような場を設定したい（2）

2.3　側面関係構成のパート

このパートは、データを理解して生まれた側面であるパターン同士を関連付け、新しいパターンを抽出する。11のパターンを交差し、その関連性を取り出す。交差は2つのパターンの類似性を見つけ、底通する内容を言語化して新パターンとするのである。異なる側面を組み合わせることで気付きを得ることができる。例えばパターン1×3の交差の場合、パターン1「心地よさがあるから言葉が身に付く」と、パターン3「教室空間では言葉の役割が大きい」を交差した結果、パターン12「教室の中にゆるみと居場所があるから、そこで言葉の力が育つ」が生成された。このようにそれぞれのパターンを交差した結果、110のパターンが生まれた。重要語として「センス・心地よさ・集団の言葉」が抽出された。（資料3参照）

2.4　用語システム構築のパート

このパートは、ここまでの分析で重要語として抽出した概念同士のシス

テムを構築する。重要語「センス・心地よさ・集団の言葉」を2語ずつ用語関連、用語探索した結果、「センス・心地よさ・集団の言葉・願い・ゴール・道すじ・こだわり・言葉の質・問い合い・ゆるやかさ・子どもからの学び」という11の重要語が確認された。（資料4参照）さらにこれらを用いて用語組込を経て結果文が抽出された。表47に示す。

表47　結果文

古河先生の国語科教育への信念　結果文
子どもがもつ願いと教師が目指すゴールとがつながる授業を目指したい。教室の心地よさのある場で、問い合う関係はゆるやかに形づくられる。問い合う関係は次第に考え合う道すじをつくる。それをくり返すことで集団の言葉の世界ができる。集団の言葉によって、教師は子どもからの学びを得ることができ、授業センスがみがかれる。このプロセスで少しずつ変わる言葉の質にこだわりたい。

　データから、この時点での古河先生の国語科教育への信念が整理され、言語化された。

2.5　確認のパート

　このパートは、概念システムを確認する。結果文を一文ずつに分割し、その文のエビデンスとなる語りのデータに該当するパターンを対応させた。表48に示す。

表48　結果文とエビデンス

結果文	対応するパターン
子どもがもつ願いと教師が目指すゴールとがつながる授業を目指したい。	パターン1・2・7
教室の心地よさのある場で、問い合う関係はゆるやかに形づくられる。	パターン4・9・11
それを繰り返すことで集団の言葉の世界ができる。	パターン10
集団の言葉によって、教師は子どもからの学びを得ることができ、授業センスがみがかれる。	パターン4・6・8
このプロセスで少しずつ変わる言葉の質にこだわりたい。	パターン3・5・7

第3章　対話的コミュニケーションを育む教師の信念　109

3 対話的コミュニケーションから見る教師の信念

3.1 「問い合い」

　分析過程に沿って、古河先生のインタビューデータを引用しながら、その信念と対話的コミュニケーションとの関係を明らかにする。

　古河先生の中で一貫しているのは双方向性の重視である。分析過程では「問いかけ合う」「問い合う」という用語として取り出されている。

　例えば実践した国語の授業について、もりやまみやこ作「おとうとねずみチロ」（東京書籍一下）とアーノルド・ローベル作「お手紙」（東京書籍二上）の二つについて語っている。この教材で実践した公開研究授業の体験は、古河先生にとってはじめは大変苦しいものであったという。以下に示す語りの番号は古河先生の語りの通し番号である。

27「私この話がちっともおもしろくなくて、ちっとも好きになれなかったんです。で、うんと、何回読んでもその、自分のもってる子どもたちに、どこをこう、考えさせたいっていう場所がみつからなくて、で、うーん、やりたくなかったんです。」

31「人の指導案をみたところで、うーん、私がやりたいことではなくって、なんかこう、苦しかったんです。それで、初めてだなと思ったんですけど、もう、しかたない、見つからないままはじまってしまって、とりあえず、この子たちは、このお話を読んでどんなふうに思うのかなあと思って、ちょっと、困ったんだけども、まず一緒に読んで、初発の感想にあたるものを書かせてみたんです。そしたら、そこに自分がひっかかりたいものがたくさんあって、それって、私、初めての経験で、いかにいままで、こう、自分の軸でしかやってなかったんだなっていうのが、すごくよくわかってね。」

36「教壇にかけあがって、おばあちゃーんって言って、よんでみた子が、このチロみたいに、前よりも声をはりあげて、とか、口を大きく開けてとか、そういう読み方ではなかったんです。だけど、私、動作化ってやってみることに意味があるのかと思って、『ああ、いいねー』っ

て言ったら、子どもたちが、先生そうじゃないって、チロの言い方は、そうじゃなかったって言って、チロはもっと大きな声で、遠くまで届くように言ったんだって言ってね、そしたら、言えなかった子が、だけどぼくは言えなかったけど、チロの気持ちはわかったって言って、あの、大きい声を出そうと思ったんだけど、だけど高いところに上ったら、なんか、気持ちがドキドキして……、なんかそんなようなことを子どもたちが言い合ってて。で、動作化って、こういうことなのねって思ったんです。」

　教材である物語のおもしろさを古河先生は感じられず、苦しみながら研究授業に向けた授業が始まる。しかし、子どもたちの感想や発言から子どもたちが「ひっかかる」部分を見つけ、そこから授業をつくる糸口を得る。さらに、授業の中での交流から、音読や動作化の意味について学んでいく。そこには、教師側からの指導という方向性以上に、子どもたちから教師への方向性を古河先生は強く感じている。
　次の教材「お手紙」では、まず自分自身がこの物語のおもしろさを感じることができ、授業がイメージされ、子どもたちがどこにひっかかるかが予想できたという。さらに、双方向の意見交流で、古河先生は子どもたちの意見を子どもと考え合い、楽しみ合い、深めることができたと語っている。

　54「やっぱりがまくんに早く幸せになってほしかったから（かたつむりくんを）怒ったと思うという子と、みんな幸せになったんだから、かたつむりくんはかたつむりくんなりに急いだんだから、ありがとうって言ったと思うって言うようなことを話し合っている中で、別の子が、かえるくんのことを、がまくんのことを幸せにしてくれてありがとうって言った子がいて、がまくんのことを幸せにしたのはかえるくんだ、っていう子と、いや、かたつむりくんがいなかったら、がまくんは幸せにならなかったとか、なんかそうようなことを一生懸命自

分だったらって、なんか泣きながら話す子もいて。子どもたちの（登
場人物への）お手紙の中に、『がまくんへ』に書いた子の中に、手紙を
もらうと気持ちがいやな気持ちがいい気持ちに入れ替わるよね、とい
うふうに書いてる子がいたので、じゃあ、かえるくんてね、手紙もらっ
たことあるのかな、っていう話になったんです。ないから、がまくん
の手紙が欲しい気持ちがわかるんだっていう子と、あるからがまくん
とその幸せ、もらってうれしい気持ちを知ってるから、がまくんを幸
せな気持ちにしようと思ったんだって言う子と、なんか子どもたちが、
いっぱい、いっぱい、ディスカッションまではいかないんだけど、自
分はこう思う、だってこう書いてあるから、こう書いてあるってこと
は、自分だったらこう考えるって、いっぱい、いっぱい意見の交換が
できるのが楽しくって。」

　このような意見交換の楽しさについて、個別指導教室を担当してきたか
らこそ感じるのかもしれないと古河先生は語る。

　　107「自分がね、学担になってみて、一番最初に驚いたことっていう
　　のが、（中略）個別はそうだったんです、私が何かを教えて、子ども
　　がそれに返してきてって、だったんだけど、学級担任になってみると、
　　私が何か投げたものに対して、子どもたちが学び合うっていうのが、
　　すごく驚きで。だから、個別の言語の指導と違って、国語の授業、国
　　語教育と授業が同じなのかわかんないんですけど、子どもたちが自分
　　のもってる言葉を、自分のもってる言葉を全部使って自分の気持ちを、
　　こう、出していって、それをこう、交流させて、葛藤させて、で、ま
　　た自分のひきだしにもどしていくっていうような、それがこう、社会
　　に出て人と関わりながら生きていくことの土台を育てているんじゃな
　　いかなって思っています。」

　個別指導教室では、双方向のやりとりはあるものの、基本的には一対一

112

の形態をとる。学級では複数の子どもの交流が自由に生まれる。そのことに驚き、その楽しさを実感し、個別指導でめざしたものと同じものをそこに見ると同時に、教室での学び合いを意味付けている。そして、教師である自分が、交流する中の1人であるという実感を得ている。指導する立場をいったん離れ、交流の中に身を置く自分自身のわきたつ身体感覚を「楽しい」と語る時、その楽しさは子どもたちが感じているものと重なりながら実感されている。

対話的コミュニケーションの特徴である「協働の発話の構築」は、意図的に指導するよりも前に、教師自身が交流する中の一人である実感を得る過程があり、その体験が楽しい身体感覚として深く刻まれていることがわかる。交流することの楽しさを実感しているからこそ、重要な信念として繰り返し語られていると考えられる。

3.2 「心地よさ」

「心地よさ」というキーワードもくり返し表出した。結果文に「教室の心地よさのある場で、問い合う関係はゆるやかに形づくられる」とあるように、「問い合う」ためには、「心地よさ」が必要条件であるととらえていることがわかる。パターン⑨「読むことも意見を言うことも心地よい」にもあらわれているように、自分自身の国語の学習体験の中の「心地よさ」と教師としての国語科教育の接点が見える。対話的コミュニケーションが生まれるためには、その基盤として教室に「心地よさ」が必要であるという信念である。

古河先生は個別指導で交換日記を活用していた。その指導を通常学級で生かそうと「あのね帳」の指導に取り組む。個別指導教室の体験で得たことと、今の「あのね帳」での日記指導とがつながっている。そこにあるものは「心地よさ」だ。

92「やっぱり、言葉って知らなくても死なないわけで、優先順位はずうっと後なわけでしょう。その、じゃあ、どうして命に関わらないス

キルである言葉を、人は身に付けて、わざわざ、それを身に付け続けるのかっていうと、それは生きるためじゃなくて、よりよく生きるためなんだっていうお話でね。だから、言葉は学習で身に付けるんじゃなくって、言葉を使って誰かとかかわる、心地いいから言葉が身に付いていくんだって。その話がすごく私は気に入って、気に入ったとしか言いようがないんですけど」

　これは、個別指導教室の体験で言葉について発見や、見方が変わったり気付いたりしたことについて尋ねたあとの発言である。そして、「考えたこともなかった」「うまく言えない」と語った後、しばらく沈黙する。その後、個別指導学級の研究会の講師の先生の言葉について語り始める。

　93「うんと……言葉が……広がっていくとか深まっていくとか、自分の言葉になっていく、っていう言葉、その子の指導を通して、……他の子のそういう、……言葉の……うーん、……こと、言葉のひきだしっていうとあれなんですけど、自分のひきだしに、取捨選択してひきだしがふえていくような、うん、ところは、自分のなんか土台になっているのかな。(中略) 発音を改善することがもちろんねらいなんだけれども、発音がきれいになることがねらいなんじゃなくて、その、きれいになった発音でどんなことを話すのか、誰に何を話すのか、どうやって自分の言葉を伝えるのか、っていうことがねらいで、だから、例えば、カ行、ガ行が言えない子がいて、だけど、えっと、すごくきれいな発音でバカって言う子よりも、発音が上手じゃなくてもがんばってって言えるような子になってほしいっていうような。そういう感覚が、今も、土台になってるなっていう気がするんです。」

　さらに、二年生の担任をしている現在、一年生の頃から続けている「あのね帳」を見ながら子どもの変化について次のように語っている。

114

113「子どもの作文が変わる、どの子もタイミングはそれぞれなんですけど、変わるときがあってね。(中略) もっている言葉を全部使って気持ちを書くってこういうことなんだなって思って、この子の、いつも『○こうえんであそびました。』『△こうえんであそびました。』の作文だったんだけど、こんなに長い文を書いたのも初めてだし、まちがいだらけの文字なんだけど、だけど、この子の気持ちが、これが、全部なんだなっていう、これが、わたし、あのね帳で作文教育をしているつもりはなくて、書きたい、伝えたい相手がいて、伝えたいことがあって、伝えたら返事が来て、それをうれしくって。」

　それは、古河先生が熱を出してお休みをした日に書いたBくんの日記であった。

『十一がつ十二にち　せんせいあのね。せんせいおねつだしちょたのだいじゅぶせんせいすぐにげんきになてねせんせにだいじゅうぶおれしんぱいだよせんせいだいじゅぶだよねせんせいかわいそうあとからげんきになてねおれすごくしんぱいだよげんきになてねせんせいだいじゅぶかなまたきてねだいじゅぶだからねまたいしょにあはなししようねだいじょぶだよだいじゅぶだよだいじゅうぶ』(原文ママ)

　その後に古河先生は次のように返事を書いている。

『せんせいは、うれしくて、うれしくてたまりません。Bくんのきもち、とどいたよ。ありがとう。「だいじょうぶ」って、いいことばだね。げんきがでてきたよ。ありがとう。』

　拗音や促音、句読点などの記述の誤りを指摘するのではなく、思いを受け止めた返事である。「だいじゅぶ」という表記の誤りについても指摘せず、かぎ括弧をつけて「だいじょうぶ」と表記し返事の文中に示すことに留め

第3章　対話的コミュニケーションを育む教師の信念　115

ている。

　このあとBくんの「あのね帳」は、したことの一行の内容から、自分の思いを伝える内容へと急激に変わっていく。

> 『十一がつ二十にち　せんせいあのね、きょういぬがいたよ。かは（わ）いそうだったよ。すてられんのかなそれともかいぬしがおいてい（っ）たんのかな（。）でもくびは（わ）だってつけてなか（っ）たんだよ（。）かわいそうだ（っ）たよ。だれのいぬかはは（わ）からないんだよ。ぞうさに（ん）こうえんのちかみのところにいたんだよ。ないてたよ。』〔（　）内は教師の加筆訂正を示す。〕

　内容が変化してからの日記には、古河先生による指導の加筆訂正が見られる。「わ」と「は」の混同、促音・句読点の誤りの指摘は、それまでの「あのね帳」には見られない。そこに、古河先生の、子どもの変化に対応する教師の姿をとらえることができる。

　十分に思いを表現できないときは、「かかわることでつながる心地よさ」を最優先し、気持ちを受け止めることに重きを置いてきた。それが、ある時、ふいに子どもが変化する。その変化を、思いをきちんと伝えようとする段階への変化であると古河先生はとらえた。きちんと伝えるには正しい表記が必要になる。そのタイミングを逃すことなく、表記の誤りを具体的に赤ペンで指導するよう対応を変えているのだ。「心地よさ」を基盤としながら、「言葉の力」を身に付けさせるための、教師の感度の高さが感じられる。「心地よさ」から積み上げていく教師の信念と言えるだろう。

　古河先生の信念の基盤とも言える「心地よさ」は、子どもとの「あのね帳」のやりとりの中に、書き言葉の対話的コミュニケーションの姿として現れていたのである。

3.3　「集団の言葉」

　「問い合う関係」と「集団の言葉の世界」は、対話的コミュニケーションとどのように関わるのだろうか。

90「そこの子たちっていうのは、いろんな理由があって、学校に行けなくなったり、学校に行かなくなったり、その理由はみんなそれぞれ、家庭の環境だったり、いろいろなんですけど、二次的なものだったり。だけど、その子たちがもどれない、ところには、共通項があるような気がして。そこになんか、私は言葉が、なんかすごい大きい役割をしているんじゃないかっていう気がしたんです。勉強もそうなんだけれど、言葉の力が足りないんじゃないかって、おおざっぱに言うと。それで、この子たちがもどれない教室っていうのは、どんな空間なのか、知りたくて。」

91「このあいだ転入生がきて、はじめて、そのときにちょっとそのことを思い出したんだけれど、すぐ隣の学校から転入してきて、なんかサッカーのチームが同じだとか、なんか顔見知りの子とかもいて、きっとすぐなじめるだろうと思っていたんだけれど、その子がほんとの意味でなじむのに、すごーく時間がかかって、やっぱりそこには、うまく言えないんですけど、うちのクラスの……子と、……言葉が違うって思ったんです。もってる言葉の質が違うって。だから、同じ二年生ですごく近所なんだけど、そこが言葉がまざりあうまでに、時間がかかるんだなーっていう感じで。」

　古河先生は、長く所属する集団のもつ言葉や、集団で共有されている言葉について、漠然となにかがあるのではないかと感じていた。転入生が来たことをきっかけに、「もっている言葉」のようなものが自分の学級の中で知らないうちに育まれ集団内で共有されているという実感を得ている。それは、集団内では意識されないものであるが、異質なものの存在により気付かされる。古河先生は「集団の言葉」は、心地よさを基盤として、問い合う関係の蓄積により生まれると感じている。結果文に「集団の言葉によって、教師は子どもからの学びを得ることができ、授業センスがみがかれる。」とあるように、子どもたちに蓄積された問い合う関係のある集団の言葉で、教師である自分が成長していることを実感している。

第3章　対話的コミュニケーションを育む教師の信念　117

集団の言葉は、子ども同士や、教師と子どもが協働で発話を構築しているときには気付かれないが、距離を置いて考えてみることによって気付かれている。まだ俯瞰的に集団の言葉をとらえた指導を見通すことはできないが、問い合うという対話的コミュニケーションの蓄積が、教師である自分を育てていることや、学級集団を形成していることを信念として重要と考えていることがわかる。

3.4 「授業のセンス」

　結果文に「集団の言葉によって、教師は子どもからの学びを得ることができ、授業センスがみがかれる。」とある。「授業センス」は古河先生にとって、今後めざすものであり身に付けたいと考えているものでもある。そこで、語りの中の「センス」という言葉を手がかりに信念を言語化する。

　パターン④「願いとゴールを結び付けて考えることはセンスだ」に表れているセンスという用語は、辞書的な意味、【物事の微妙な感じをさとる働き、能力、感覚】として用いている。願いとして国語の授業や子どもの学びが「こうなってほしい」という思いと、ゴールとしての到達点とを結び付けるために、微妙な感じをさとる感覚や力が必要になる、その微妙な感じを大事にしたいというような意味合いである。ここでは、さらに深く古河先生自身にとっての「センス」という言葉の質感そのものに迫りたい。

　古河先生の語りの中で「センス」という言葉は5回表出する。

　　３：（言葉の）そのセンスのなさに、それって、その目的が伝わってないからいいですよねってなるわけで。
　　97：だけど、センスがないなって思うのは、なんかいろいろやるけど、テクニックをまねっこしているけど、でもこの子にどういう、この子に自分がどうしたいのか、とかいうのがないなーって、思っていました。
　　99：自分がすてきだなって思う人は、それがある人で、この人、なんかセンスないなって思う人は、それがない人って、自分の中では価値

基準があって。

100：そうです。いつもそうです。私はなんかそれを、センスとよんでいるみたいで。

101：この単元が終わったら、こんなことが感じられるといいなっていうのから、そこに行き着くために、ここでこういうところにひっかかってほしいなって、こう、もどってきて、で、いつもうしろから前に向かって組み立てるんだけれど、自分は。だけれども……うーん。だから、その研究授業だったりしか見られないんだけれど、ひとの授業は。その、どこの部分であったりしても、その先生の、なんか、うん、こういうふうにしたいんだろうな、これがひきだしたいんだな、ここ深めたいんだなっていうのが見つかったらすてきだなって、思うし、見つからないとセンスないなって、思うんです。そんな感じです。

　国語の授業を参観したときや話をしているときに、「センス」を感じると表現している。また、子どもへの指導について言及しているところで、その子どもへの教師の思いについても「センス」を感じるという。

　国語の授業を「うしろから前に向かって組み立てる」「単元が終わったらこんなことが感じられるといいな」という語りから、常にゴールをイメージしていることがわかる。また「ここでこういうところにひっかかってほしい」「こういうふうにしたい」「これがひきだしたい」など、ゴールに向かって様々な願いも同時にあるのがわかる。結び付ける「センス」が、見えるとすてきだと感じ、見えないと落胆する。パターン④に現れているように、古河先生にとって「センス」とは、「願いとゴールを結び付けて考えること」だ。そして同時に、つなごうとする糸のようなものの存在が見えるかどうかが価値基準となっている。

　個別指導の通級学級では、担当者が担当する子どもの退級（卒業）を決める。まず、退級する基準を設定し、そこへ向かって指導を組み立てるという。通級教室での、退級基準から今の指導を組み立てる方法は、「うしろから前に向かって組み立てる」という現在の国語の授業づくりと重なっ

第3章　対話的コミュニケーションを育む教師の信念　119

ている。ゴールと今を常につなごうとする姿だ。

　センスが「見つかったらすてきだ」と思う古河先生は、センスの存在に「心地よさ」を感じている。心地よさがあるのは、うまく見つけられなかったものが見えるようになるからだ。ゴールから今へと何度も選び直すことは大変な作業だが、センスがないと落胆し、つなぐことができるとうれしい。そのつなごうとする糸は、自分が感じ考え、見つけ選んだ方向付けを、また感じ考え、葛藤し、また選びなおすことである。

　一方で「センス」という言葉は、古河先生自身にも向かう。語りの5例中4例が否定文「センスがない（センスのなさ）」として使われているからだ。他者の言動や授業の中に否定形のセンスを感じ取ることはできるけれども、「センスのある」具体像を語ることはない。現在はまだ、否定形でしか語ることができない価値基準を、あえて自分に課すことになる。また、願いとゴールを結び付けるようなセンスによって、ゆるやかにとりまくように集団の言葉の質は形成され、集団の言葉の質がゴールと今とを結ぶ道筋を決定していく。まだ客観的に見ることはできないと語る学級集団のもつ言葉の質を、今後は古河先生自身のセンスと結び付けていくことが必要になるだろう。

　古河先生にとってめざす対話的コミュニケーションは、心地よさの中での問い合う関係である。そこから集団の言葉が形成され、授業センスがみがかれる。担任としての1年間で、子どもの問い合う姿から学び、授業づくりについて試行錯誤する中で見出されたこの信念は貴重である。問い合う関係が、対話的コミュニケーションの第一歩である。かんたんに言語化することができないものを抱えながら、自己と対峙し続ける教師こそ、対話的コミュニケーションを目指す教師と言えるだろう。また、「センス」という語でしか表現できない他者を、対話的コミュニケーションを通して内化していくことが展望できる。

120

資料1. 全体と中核を把握するパート

テーマ	古河さんの国語教育への信念とはどのようなものか		
浮かんでくる語句	ひっかかり・ゴールのイメージ・ひきだしをふやす・レジャー・生きることの土台・言葉の質・精査・よりよく生きるため・行きたい先・どうしたいか・こだわり・センス・ちゃんと伝える・自分のやりたいこと・しつこさ・意味の重視・娯楽・思い優先・センスとしか言えないもの・たまってきたもの・母語との比較・ありったけの言葉で伝えること・問いかけ合うこと・やりとりのなかの幸せ・気に入るとしか言えないもの・こだわりが活かされる・子どもがかわいい		
仮マイセンテンス	この感じは＜問いかけ合うセンスは、娯楽である＞という感じである。		
キーワードⅠ	問いかけ合う	センス	娯楽
辞書的な意味	互いに質問をしかける。互いに問いかけはじめる。	物事の微妙な感じをさとる働き・能力・感覚	人の心を楽しませなぐさめるもの。また、楽しむこと。
独自の意味	ありったけの言葉で伝えようとすることで相手がこたえる・聞かれたことの意味を深く考えて返す・意味を探し合う	目的と今を結び付けること・現実をイメージする・実態とぴったりする言葉をもつこと・子どもの成長の変化を見逃さないこと	よりよく生きること・自分もまわりも楽しい・心地よさ・人を思い合う・プラスアルファ・なくても生きて行かれること・おまけ・あそび・レジャー・ふろく・ゆるむこと
キーワードⅡ	意味を探し合う	微妙な感じをさとること	ゆるむこと
辞書的な意味	言語・作品・行為など、なんらかの表現を通して表され、またそこから読みとれる、その表現のねらいを一緒に探す。物事が他との連関において持つ価値や重要さを一緒に探す。	小さな変化や違いに気がつくこと	しまる力が弱くなる・緊張がとける・厳しさが緩和する・固まった物が水分を含んだりして柔らかくなる
独自の意味	見えないけれどそこにあるものを信じる・探すことを一緒にするからできる・思わぬ発見にわくわくする・見つけたとき喜び合う	ことばの外側の世界・目や手や耳の力・ことばはいらない世界・見とること	ときはながれること・自由になること・束縛されないこと・柔軟さを増すこと・ゆるやかにつながること
拡張文	この感じは「問いかけ合う・センス・娯楽・意味を探し合う・変化を見逃さない・微妙な感じをさとること・イメージ・見えないけれどそこにあるものを信じる・よりよく生きる・プラスアルファ・心地よさ・ゆるむこと・柔軟さを増すこと・ゆるやかにつながること」という感じである。		
マイセンテンス	この感じは＜意味を問いかけ合うセンスは、ゆるみのある心地よさである＞という感じである。		

資料２．部分を順次見ていくパート

パターン２　双方向の交換から生まれる交流が楽しい

事例

Y54：もう一つ子どもたちが、どうしてかえるくんはがまくんちにもどったのかっていうことも書いてあったんです。手紙をかたつむりくんにわたしたら、まってりゃいいのに、がまくんが「届いたんだよ」って（うんうん）、自分だったらまってるけど、どうしていそいでまたもどるんですよね、急いでもどるからどうしてなんだろうって書いた子がいて。その２つのことから、そこの授業を組み立てたんですけど、やっぱりもどったのは、もどっていっしょにまって、その時間を幸せな時間にしたかったんだっていう、それは、その場所とそれから、手紙をどうしてなかみをいっちゃったのかとか、それはすぐおわっちゃったんですけど、（笑）自分だったら言うとか言わないとか。で、かえるくんは、さいご届けたかたつむりくんに、なんていったんだろうって、最後の場面で。ありがとう、っていった子が多かったんだけれど、だけど、遅かったって怒った子もいて、こんどはもっと早くしてとか文句を言った子もいて、で、みんなちがってみんないいじゃなくて、そこは怒ったのか怒ってないのか、どっちなんだろうねっていうようなことを話し合っていると、やっぱりがまくんに早く幸せになってほしかったから怒ったと思うという子と、みんな幸せになったんだから、かたつむりくんはかたつむりくんなりに急いだんだから、ありがとうって言ったと思うって言うようなことを話し合っている中で、別の子が、かえるくんのことを、あ、がまくんのことを幸せにしてくれてありがとうって言った子がいて、がまくんのことを幸せにしたのはかえるくんだ、っていう子と、いや、かたつむりくんがいなかったら、がまくんは幸せにならなかったとか、なんかそうようなことを一生懸命じぶんだったらって、なんか泣きながら話す子もいて（ふーん）、子どもたちのお手紙の中に、がま君へ書いた子の中に、手紙をもらうと気持ちがいやな気持ちがいい気持ちにきれかわるよね、というふうにかいてるこがいたので、じゃあ、かえるくんてね、手紙もらったことあるのかな、っていう話になったんです。ないから、がまくんの手紙が欲しい気持ちがわかるんだっていう子と、あるからがまくんとその幸せ、もらってうれしい気持ちを知ってるからがまくんをしわせなきもちにしようとおもったんだって言う子と、なんか子どもたちが、いっぱいいっぱい、ディスカッションまではいかないんだけど、<u>自分はこう思う、だってこう書いてあるから、こう書いてあるってことは、自分だったらこう考えるって、いっぱいいっぱい意見の交換ができるのが楽しくって</u>、チロには、それがなかったんです。

類似例

Y36：教壇にかけあがって、おばあちゃーんっていって、よんでみた子が、このチロみたいに、前よりもこえをはりあげて、とか、口を大きく開けとか、そういう読み方ではなかったんです。だけど、私、動作化ってやてみることに意味があるのかと思っ

122

て、ああいいねーっていったら、子どもたちが、先生そうじゃないって、チロの言い方はそうじゃなかったって、（うーん）、いって、チロはもっと大きな声で、遠くまで届くようにいったんだっていってね、そしたら、言えなかった子が、だけどぼくはいえなかったけど、チロの気持ちはわかったって言って、あの、大きい声を出そうと思ったんだけど、だけど高いところに上ったら、なんか、気持ちがドキドキして、なんかそんなようなことを（うーん）子どもたちが言い合ってて、

Y107：うーん、……自分がね、学担になってみて、一番最初に驚いたことっていうのが、個別、私がなにかを教えるっていうより、個別はそうだったんです。私が何かを教えて、子どもがそれにかえしてきてって、だったんだけど、学級担任になってみると、私が何か投げたものに対して、子どもたちが学び合うっていうのが、すごく驚きで。だから、個別の言語の指導と違って、国語の授業、国語教育と授業が同じなのかわかんないんですけど、子どもたちが自分のもってる言葉を、自分のもってる言葉を全部使って自分の気持ちを、こう、出していって、それをこう、交流させて、葛藤させて、で、また自分のひきだしにもどしていくっていうような、それがこう、社会に出て人とかかわりながら生きていくことの土台に育てているんじゃないかなって思っています。……そうすると、でも、どの教科も全部国語になっちゃうんです。

資料３．側面関

	心地よさがあるから言葉が身に付く	双方向の交換から生まれる交流が楽しい	教室空間では言葉の役割が大きい	願いとゴールを結び付けて考えることはセンスだ	変化を見逃さないのはそこにある物を信じるからだ
心地よさがあるから言葉が身に付く		ゆるやかな中に意見交換されることで受け入れる幅が広がるから楽しくなる	教室の中にゆるみと居場所があるか、そこで言葉の力が育つ	安心できるとめざすゴールが見えてきて、ゆるやかに願いがつながっていく	見えないものがどんなものかわからないが、ゆれはばを楽しむことだ
双方向の交換から生まれる交流が楽しい	相互交流の学習から言葉の力が身に付くはずだ		相互交流するためにはそれぞれの言葉のレベルが求められる	双方向で意見を交流することができ方向性が見えてくる	交流によって啓発されて生まれるものが豊かにあると信じている
教室空間では言葉の役割が大きい	教室にある心地よさが言葉を育てる	教室では互いの意見を交換できる空間であることが楽しさの必要条件だ		教室の中に全体のゴールのような物が見えてくるとそこには全体の道筋ができる。	教室の中は変わりているものにあふれていると信じている
願いとゴールを結び付けて考えることはセンスだ	願いとゴールを結び付けて考えることで教師の授業力が高まる	願いとゴールとを結びつけて考えるときに交流することが必要だ	願いとゴールを結びつかる言葉をもつことだ		願いとゴールを結ぶには、その道筋にあるおもしろさを信じることだ
変化を見逃さないのはそこにある物を信じるからだ	変化を見逃さないことによって言葉が身に付いていく	変化を見逃さずにいることにより、交流が生まれそこから変化も生まれる	一人の言葉の変化が、教室空間の言葉を変化させることもできる	変化を見逃さないことはどのように変化していくかという見通しを生む	
子どもから学ぶことで、自分の枠組みが広がる	子どもから学ぶことにより、教師の言葉の力も磨かれていく	子どもと自分との相互交流から互いを学び合う楽しさがある。	子どもから学ぶ教室には、言葉をどのように使うかというひきだし作りが必要だ	子どもから願いを感じ取り、子どもから行きたいゴールをみつけていくものだ	子どもの可能性を信じているから、子どもから学ぶことがたくさんあるのだ。
自分のこだわりは貫きたい	こだわるからこそ言葉が身に付く	一人だけでなく意見を交流することにはこだわりたい	こだわりは教室空間の目標をコントロールする力になる	子どもをしっかり見て目標を定めていくことにはこだわりたい	わかってほしい、わかりたい、という思いを信じることにこだわりたい
意味を探すことは娯楽だ	意味を探すことによって、言葉の力が身に付く	交流することによって言葉の意味を探ることは楽しい	意味を探すためには言葉をどのように考えていくかという過程が必要だ	意味について考えるには全体像を見る視点が必要だ	意味を探すことで見つかるものがあることを信じている、探究への信頼がある
読むことも意見を言うことも心地よい	読むことや意見を言うことによって、発見や発散があり、その結果言葉の力になる	読むことを交流することも意見を交換することも、楽しい	読みあったり意見を言いあう教室空間には、そこで生まれる言葉の文化がある	読んだり意見を言ったりすることは、見通しをもっていくために不可欠だ	読むことで生まれる豊かさや、意見を言うことで誰かにつながる喜びへの信頼はゆるぎない
自分の軸は言葉の質を問うことだ	大事にしたいことをつきつめていくと言葉の力に結び付くはずだ	自分が大事に考えていきたいのは交流していく学びの楽しさだ	自分の軸となる言葉は教室空間での役割が大きい	自分にとって何にこだわり何を目的にするかが重要だ	自分の大事にしていることは、目に見えないものを信じていくことだ
自分の意見を外から見つめることができるような場を設定したい	客観的に意見を見ることができることとは、言葉の力が向上することにつながる。	交流があるから自分の意見を外から見つめることが可能になる	意見を外から見るという教室空間では、言葉が担う役割はとても大きくなる	自分と違う意見を聞いていくことで見通しをもった学習が生まれる	ある意見に対して別の視点からの意見が生まれてくる相互啓発の力を信じている

係構成のパート

子どもから学ぶことで、自分の枠組みが広がる	自分のこだわりは貫きたい	意味を探すことは娯楽だ	読むことも意見を言うことも心地よい	自分の軸は言葉の質を問うことだ	自分の意見を外から見つめることができる場を設定したい
ゆるみの中でこそ、枠は広がっていく	ゆるまった心のままにまっすぐ進んでいきたい	心地よさが、伝えてうれし、聞いて楽しいというよりよい関係を作る	あたたかさや受容感につつまれた心地よさが原点だ	ゆるみのなかに自分の言葉を入れて何度も吟味することが大事だ	緊張感がゆるみ、自分をみつめることができるようなゆるやかな場に身を置きたい
個別指導にはない子ども同士の交流の豊かさに自分の学習観が広がる	相互交流することを学習の中心に据えることは貫きたい	相互交流は互いを知り合うことができる喜びだ	意見を発表するだけでなく別の意見を聞くことができるのが楽しい	相互交流によって言葉の質がどのように変わっていくかを見ていきたい	相互交流によって自分を外から見つめることができる場が生まれる
教室は子どもが学び合う場であり教師もいっしょに学び合うことができる言葉に満ちている。	教室は自分の信念をまっすぐに貫く場である	教室空間というものは、相互に意味を考え合うところが楽しい場である	教室で読むこと、教室で意見を言うことで、その空間だけの心地よさがある	教室空間で、ひとりひとりが自分のありったけの言葉で語り合うことが豊かさだ	自分の考えを客観的に見られるような教室空間をつくっていきたい
子どもをきちんと見とることで、どんな学習をしようかと計画する幅が広がっていく	願いとゴールを結び付けるときに筋が貫かれている	願いとゴールを結び付ける道筋を考えるのが楽しい	願いとゴールを貫く考え方をすることが心地よい	言葉の質を問うには目的を考えることだ	願いをひろいあげ、目的を明確にする場を設定したい
子どもの変化は小さいけれどそこから大きくジャンプすることで見方が変わる	変化を見逃さないことは、ひとりひとりのこだわりを大事にしていくことだ	変化を常に見ていくことで思わぬことが見つかる発見がある	意見を言う心地よさが言葉の力を変化させていく	変化を見ていくには、表現された言葉のレベルや意味を問うことだ	変化は外から自分を見ることから生まれる
	子どもから学ぶという姿勢はこれからも大事な柱になる	子どもの言葉や思いから学ぶことは、なによりも楽しい	子どもから学び、自分の枠が広がることは、自分がゆるやかに心が開かれる。	子どもどうしで、言いかえたり言い直したりすることが質の高まりになる	子どもから学ぶことを、子ども同士で交流する学習の場を設定したい
自分のこだわりは子どもをとることで自分も変わっていくことだ		自分のこだわりはよりよく生きるため道具として言葉を使うことだ。	自分がゆずれないものをもっていることは心地よさに支えられている	言葉を精査することにはこだわりたい	ゆずれないものが確かにあるが、それを外から見つめていきたい
子どもの言葉の意味や子どもの気付きの視点を知って、自分の見方が変わってきた	意味を探すことはやみくもではなく貫きたい筋がある		言葉の意味や文脈の構造を探して見つけることは自分にとって心地よいことだ	言葉の意味を探すことは、言葉の質を問い続け、自分の言葉で言い換えることだ	意味を探すことができるような学習環境を設定したい
読むことの楽しさを子どもたちの感想から気付かされ、学習の世界が広がった	読んだり意見を言ったりするときに、自分の考えははっきりと伝えたい	読むことは楽しいし、意見を言うことは聴いている人がいるという関わる楽しさがある		読んだり意見を言ったりすることによって、言葉が練り直されていく	心地よい言葉のやりとりの場面を設定したい
自分の大事にしていることが子どもを見ていくことで太く大きくなっていく	自分の大事なことは他の人の意見で簡単には左右されない	自分の大事にしていることは、なによりも楽しむことだ。	自分の大事にしたいことは心地よさを基盤としたものだ		自分の大事にしたいことを外からも見つめながら深化したい
意見交換で子どもも自分も見つめるように、教師も自分を見つめることができる	自分の意見を客観視することで生まれる学びは筋が貫かれている	自分の意見を外から見ることができる学習は予定どおりでないところがおもしろい	意見を言うことも心地よいが、自分の考えることも楽しい。	自分の意見を客観的にみることで言葉の質は向上する	

資料４．用語システム構築のパート

用語関連シート		
① 「9．用語選定シート」で選んだ用語A、B、Cを。2用語ずつ関連づけていく。		
用語　A：センス	B：心地よさ	C：集団の言葉

A B	②意味を考慮せずに、（　）に用語を記入する。 （A　センス）は（B　心地よさ）である。 ③②で作った文がフェルトセンスを表現するよう文を変形する。「は」と「である」は残す。最低限必要な語句は追加可。 【センスをもてることは心地よい】（もの）である。 ④気付いたことを自由に書く。重要部分に下線を引く。 願いとゴールを結び付けることにより、教室の中に心地よさが生まれ、教師も心地よい。
B A	⑤意味を考慮せずに、（　）に用語を記入する。 （B　心地よさ）は（A　センス）である。 ⑥⑤で作った文がフェルトセンスを表現するよう文を変形する。「は」と「である」は残す。最低限必要な語句は追加可。 【心地よさは願いとゴールを結ぶセンスをみがく】（もの）である。 ⑦気付いたことを自由に書く。重要部分に下線を引く。 ありったけの言葉を使って交流することによって、心地よい学びが生まれる。子どもの目指すゴールが見えてくるため、教師の願いとを結び付けるセンスがみがかれる。
B C	⑧意味を考慮せずに、（　）に用語を記入する。 （B　心地よさ）は（C　集団の言葉）である。 ⑨⑧で作った文がフェルトセンスを表現するよう文を変形する。「は」と「である」は残す。最低限必要な語句は追加可。 【心地よさは集団の言葉を育てる】（もの）である。 ⑩気付いたことを自由に書く。重要部分に下線を引く。 ありったけの言葉で語り合うことができる心地よさを、共有する集団に特有の言葉の質が生まれる。
C B	⑪意味を考慮せずに、（　）に用語を記入する。 （C　集団の言葉）は（B　心地よさ）である。 ⑫⑪で作った文がフェルトセンスを表現するよう文を変形する。「は」と「である」は残す。最低限必要な語句は追加可。 【集団の言葉は心地よさを生む】（もの）である。 ⑬気付いたことを自由に書く。重要部分に下線を引く。 交流のある集団で育まれた言葉の質が変化している。そこにいる心地よさにつながっている。
C A	⑭意味を考慮せずに、（　）に用語を記入する。 （C　集団の言葉）は（A　センス）である。 ⑮⑭で作った文がフェルトセンスを表現するよう文を変形する。「は」と「である」は残す。最低限必要な語句は追加可。 【交流する集団の言葉はセンスをつくる】（もの）である。 ⑯気付いたことを自由に書く。重要部分に下線を引く。 ありったけの言葉で交流する集団の言葉は、学びのゴールへの道すじのセンスをつくる。
A C	⑰意味を考慮せずに、（　）に用語を記入する。 （A　センス）は（C　集団の言葉）である。 ⑱⑰で作った文がフェルトセンスを表現するよう文を変形する。「は」と「である」は残す。最低限必要な語句は追加可。 【センスは集団の言葉をコントロールする】（もの）である。 ⑲気付いたことを自由に書く。重要部分に下線を引く。 願いとゴールを結び付けるセンスは、引っかかる言葉から道すじを見えるようにするため、その集団の言葉が進む方向がコントロールされる。

	用語探索シート
	① 「10. 用語関連シート」と同じ語を用語A、B、Cとする。2用語ずつ、本質的な関連を探索する。

用語	A：センス	B：心地よさ	C：集団の言葉

A B	②意味を考慮せずに、（　）に用語を記入する。 （A　センス）は（B　心地よさ）の性質をもつ。 ③②で作った文がフェルトセンスを表現しているとすれば、何が言えるだろうかと自問する。浮かんでくることを自由に書く。 （A　センス）が（B　心地よさ）の性質を受け継いでいるとすればその性質は何だろうと、自問してもよい。 心地よさがある場でなければ、願いから<u>ゴール</u>への<u>道すじ</u>へのセンスを働かせる学びは生まれない。 ④重要だと感じられる語が出て来たら、新用語とする。　　　　　　　　　　　　　→新用語D　道すじ
B A	⑤意味を考慮せずに、（　）に用語を記入する。 （B　心地よさ）は（A　センス）の性質をもつ。 ⑥⑤で作った文がフェルトセンスを表現しているとすれば、何が言えるだろうかと自問し、浮かんでくることを自由に書く。 （B　心地よさ）が（A　センス）の性質を受け継いでいるとすれば、その性質は何だろうと、自問してもよい。 言葉への<u>こだわり</u>と教師の願いを子どもの目指すゴールとの道すじがゆるやかにつながるところに心地よさがある。 ⑦重要だと感じられる語が出て来たら、新用語とする。　　　　　　　　　　　　　→新用語E　こだわり
B C	⑧意味を考慮せずに、（　）に用語を記入する。 （B　心地よさ）は（C　集団の言葉）の性質をもつ。 ⑨⑧で作った文がフェルトセンスを表現しているとすれば、何が言えるだろうかと自問し、浮かんでくることを自由に書く。 （B　心地よさ）が（C　集団の言葉）の性質を受け継いでいるとすれば、その性質は何だろうと、自問してもよい。 交流のある集団があるから、そこに<u>言葉の質</u>を問い合う心地よさが生まれる。 ⑩重要だと感じられる語が出て来たら、新用語とする。　　　　　　　　　　　　　→新用語F　言葉の質
C B	⑪意味を考慮せずに、（　）に用語を記入する。 （C　集団の言葉）は（B　心地よさ）の性質をもつ。 ⑫⑪で作った文がフェルトセンスを表現しているとすれば、何が言えるだろうかと自問し、浮かんでくることを自由に書く。 （C　集団の言葉）が（B　心地よさ）の性質を受け継いでいるとすれば、その性質は何だろうと、自問してもよい。 心地よい安心が前提にあって、集団の言葉を<u>問い合う</u>ことによって変化がためられていく。 ⑬重要だと感じられる語が出て来たら、新用語とする。　　　　　　　　　　　　　→新用語G　問い合い
C A	⑭意味を考慮せずに、（　）に用語を記入する。 （C　集団の言葉）は（A　センス）の性質をもつ。 ⑮⑭で作った文がフェルトセンスを表現しているとすれば、何が言えるだろうかと自問し、浮かんでくることを自由に書く。 （C　集団の言葉）が（A　センス）の性質を受け継いでいるとすれば、その性質は何だろうと、自問してもよい。 センスは集団の言葉をコントロールするから、集団の言葉は<u>ゆるやか</u>に形作られる道すじをたどる。 ⑯重要だと感じられる語が出て来たら、新用語とする。　　　　　　　　　　　　　→新用語H　ゆるやかさ
A C	⑰意味を考慮せずに、（　）に用語を記入する。 （A　センス）は（C　集団の言葉）の性質をもつ。 ⑱⑰で作った文がフェルトセンスを表現しているとすれば、何が言えるだろうかと自問し、浮かんでくることを自由に書く。 （A　センス）が（C　集団の言葉）の性質を受け継いでいるとすれば、その性質は何だろうと、自問してもよい。 集団の言葉によって、教師のセンスはみがかれ、<u>子どもからの学び</u>が生まれる。 ⑲重要だと感じられる語が出て来たら、新用語とする。　　　　　　　　　　　　　→新用語I　子どもからの学び

第3章　対話的コミュニケーションを育む教師の信念　127

第4章
授業に埋め込まれた対話的コミュニケーション

　本章では、教師の信念と教育実践とを引用しながら、授業の中に埋め込まれた対話的コミュニケーションの姿を描くことを目的とする。

　第1節では、教師の信念をTAE質的研究法によって明らかにする。第2節では、その信念が実践にどのように投影されているか実践と照らし合わせて検討する。第3節では、実践の中での子どもの対話的コミュニケーションを分析し、学習者の特徴として〈質の進展・内側との直接照合・すりあわせ〉の3点を導き出す。さらに第4章では、実践の中での教師の対話的コミュニケーションを分析し明示的な〈感想〉と、暗在的には〈情報伝達・情報要求〉の機能を検討し、教師の志向性の重要性を考察する。

第1節　教師の信念のTAE分析

　本節では、一人の教師の信念をTAE質的研究により明らかにする。まず、TAEステップにより信念を分析し、その結果を、〈覚悟・つなぐこと・はずれること・もらっている感覚〉の4点から考察する。

1　研究の目的と方法

　本節では平野（1994）『はじめに子どもありき』の教育理念に根ざす授業を創造してきた教師の信念を考察することを目的とする。平野（1987）は「オープン教育」という名称も用いている。オープン教育とは「従来からある様々な形式にとらわれず、子どもを能動的な学習者として認識し、尊重することを基盤として、子どもひとりひとりを大切にし、その子ども

が主体的に学習するのを援助すること」であると述べている。平野（2013）は一般化しにくく分かりにくいという意見や疑問に対して、「特定の方法論ではないこと、特別な条件がないとできないわけではないこと、その場に置かれたご自身と目の前の子どもたちとにふさわしい授業方法を創っておけばよいこと、そしてそれを具現する機会は随所にある」としている。

本章では鳩田先生（仮名）のインタビューと授業実践記録をもとに研究を進める。鳩田先生は、平野（1994）『はじめに子どもありき』の理念に基づく教育実践家である。特に国語科実践を定期的に公開し続けてきた。現在も熟達教師として多くの若手教師の指導にあたっている。

鳩田先生は国語科教育への確固たる信念があり、実践を積み重ねることによりその信念を具現化してきた。しかし、授業を参観した若手教師がワークシート等のプリントや板書のスキルを同じように使って実践しようとするのだが、うまくできないという声も聞いた。表層的な部分だけをまねしようとしてもできないことについて、鳩田先生は「子どもをどう見るか、教材をどう見るか、という信念（観）」が重要であると語った。本節で信念を言語化し、次節以降では、授業実践の記録から子どもの対話的コミュニケーションの姿と、教師としての鳩田先生の対話的コミュニケーションの姿を明らかにする。その過程で、表層的技法をまねるだけでは到達できない対話的コミュニケーションの実践を描くことをめざす。

分析対象は、半構造化面接を行い収集したインタビューデータをプロトコル化したものである。2014年12月に実施し、時間は2時間14分間、主な質問内容は、「国語の授業で大事にしていることは何ですか。」「『はじめに子どもありき』の考え方をどのように実践化していますか。」「あなたにとって、国語、あるいは国語教育とはどのようなものですか。」などを中心とし、自由に語ってもらった。分析方法は、TAE質的研究法を用いた。

2　TAEステップによる分析
2.1　全体と中核を把握するパート
インタビューデータから重要と思われる語「灯台にむかう・郵便屋さ

ん・一緒に探検する・伝わりにくい・みんなの中の一人等」を取り出し、そこから中核となる文（マイセンテンス）として「覚悟をもって子どもたちと生きていく」を設定した。

2.2 部分を順次見ていくパート

インタビューデータから、事例を5つに分類しパターンとして名前をつけた。パターン一覧を表49に示す。

表49　パターン一覧

パターン	事例の中の重要語句
①「はじめに子どもありき」の理念を実現する	真っ暗な海に灯台があるようなもの・具現化していくのが私の探求・理念を実践者として伝える・自分を見付ける・一般化しようという意識
②体験との結び付きに可能性を見出す	根っこにあるものは消えない・答えの無いものに対してつくっていく・体験をうれしそうに語る・国語で読んだことが生活の中に息づいている
③誤解されることを避けるために枠組みを守る	伝わりにくいことは分かっている・批判に対峙できる・わかるように伝えていく・空気感を味わってほしい・手引きを示すことで自由になれる・逸脱しないように気をつける
④一緒に考え抜く時のもらっている感覚を重視する	子どもたちの中のものを一緒に味わう・みんなのことをわかっていく・思いが揺れ動く・みんなで探検していく・予想を超える・ご褒美としてあるあたたかなクラス・つないでくれてふくらませてくれる・予想外のことが出てきたら聞く
⑤上から下への教師のあり方に違和感をもつ	子どもたちと同じベクトル・28人の中に私がいる・一緒に向かっていく・私は郵便屋さんの仕事・教師が出るときは出る・子どもの考えをねじ曲げないために確かめる・待つことはこわくない

2.3 側面関係構成のパート

パターン同士を交差させた結果20の新パターンが生成された。新パターン一覧を表50に示す。

第4章　授業に埋め込まれた対話的コミュニケーション　131

表50　新パターン一覧

①×②	実現可能だからこそ理念を確信する
①×③	伝えたいことを厳選してそれ以外はおりあいをつける
①×④	進む方向への信頼が新たな発見になる
①×⑤	ひとつひとつ納得して理念を吟味する
②×①	体験から説得力が引き出される
②×③	型にはまった部分をもつから個別性が出る
②×④	体験の語りから新たな考えを生む
②×⑤	他者と自分の体験とのずれに気付く
③×①	多くの人に分かってもらう方向を探る
③×②	自分もできるという共感で広げていく
③×④	互いによって変わることを示して理解を求める
③×⑤	思うように伝わらないもどかしさを抱える
④×①	つながりを見える形に残す
④×②	予期しない方向へ進む心地よさがある
④×③	型の中にいるから自由にできる
④×⑤	違いから新しいものが生まれる
⑤×①	本当に子どもとつくることになっているか問い続ける
⑤×②	目線に着目することで理解の窓口を広げる
⑤×③	違う理念の人への説明責任をはたす
⑤×④	子どもと同じベクトルをもつことで教師が変わる

2.4　用語システム構築のパート

　パターンから重要語として「体験との結び付き・もらっている感覚・枠組み」が抽出された。それぞれの用語関連・用語探索・用語組込の結果は表51・52・53に示す。確認のパートは省略した。

表51　用語関連結果

子どもの体験に根ざした考えの中に、予想を超えた世界がつながる。
子どもたちからもらっていると感じられるから、毎回新しい体験として教師自身が変わっていく。
枠組みでは見えなかったが、枠組みから出たときに新しいなにかをもらっている感覚が生まれている。
枠組みを設定するから、それからはみ出るものをもらっている感覚になる。
枠組みは、そこからはみ出ることが生まれるという機能が大切である。
体験との結び付きから、枠組みの外へと広がっていく。

表52　用語探索結果

> だれかに新しい考えをもらっている感じは、自分の体験にすいついてくる。
> 違う体験がすれちがってぴったりしたとき、なにかをもらったような感じがする。
> おもわぬところから何かをもらっているのだという感じは、枠組みとして狭めた部分をはずれることである。
> 枠組みを設定することによって、自由が生まれ新しい別のものとつながりができる
> 枠組みがあるから、体験によせて考えたことがうきあがる。
> 体験との結びつきを考えるとき、狭い枠に限定することでそこからはずれてもれだす。

用語〈はずれること〉〈つなぐこと〉〈すいよせること〉〈もらっている感覚〉

表53　用語組込結果

> 　はずれることは、子どもが誰かの発言をつなぐことや、自分の考えと他の考えをつなぐことで生まれる。はずれることにより子ども自身も思いがけない発見がある。教師は、はずれることで生まれた言葉や考えを引き寄せて吟味する。はずれたものは予測していなかったものだからこそ際立って見え、すいよせられるように注目される。教師にとって興味深く、そこから新しい見方をもらっているような感覚が生まれる。

> 　つなぐことは、自分の考えを少しずつ変化させ更新していくようなものである。今ある考えと別のものをつなげようとすることで、自分の枠からいったんはずれる。そしてまたつなぐために、はずれたものをすいよせるようにして自分の中に取りこんでいくことになる。いったんはずれること自体が自分自身の発見になり、新しいなにかに気付かせてもらえるような、もらっている感覚が生まれる。

> 　すいよせることは、新しく生まれたものに対して思わずとりあげずにはいられないひっかかりがあるから生じる。すいよせてみるとそれは、自分の枠からはずれたものであるからだと気付く。そこには新たな気付きをもらっている感覚がある。その気付きからの別のつながりが見えてくる。

> 　もらっている感覚は、子どもが誰かの発言をつなぐことや、自分の考えをつなぐ過程で、予測していなかったものから始まる。はずれるものとしての違和感や新鮮さがあり、それを吟味しようとすいよせるようにしてとりあげる。そこから生まれた新しい気付きをもらっていると感じることである。

以上の分析から、以下の結果文が導かれた。表54に示す。

第4章　授業に埋め込まれた対話的コミュニケーション　133

表54　結果文

> Ⓐ子どもが考えをつなぐことから思いがけない考えや学習が生まれる。Ⓑ枠組みからはずれたものは、予測していなかったものだからこそ際立ち、すいよせられるように注目される。Ⓒ教師にとって興味深く、そこから新しい見方をもらっている感覚が生まれる。

3　考察

3.1　覚悟をもって子どもたちと生きていく

　鳩田先生が、分析のはじめに中核文（マイセンテンス）として設定したのが「覚悟をもって子どもたちと生きていく」であった。

　「覚悟」という語は繰り返しインタビューの中に出現した。鳩田先生にとって、この語でしか語り得ない多くの意味を複合させて用いられている。「覚悟」について語っている部分を抜き出し以下の３つに整理した。

　①「覚悟」は生み出すためのものであり、「覚悟」があるから自分自身も生み出される。

　②教師として強くでる「覚悟」をもつ一方で、28人の子どもたちの一人として生きる「覚悟」でもある。

　③「自分への覚悟」であり「子どもたちへの覚悟」である。

　一方に偏ることなく反対の方向へも常にベクトルが伸びている。「覚悟」は外にも内にも向けられている。また、「子どもたち」という語は鳩田先生の信念には欠かせない。一般的な「子ども」ではなく、ひとりひとり名前のある個人の集まりである「子どもたち」としているところに鳩田先生のこだわりがある。「生きていく」は授業を創ることであり、子どもたちと学ぶことであり、理念を実現するために努力することでもあるとして語られた。

3.2　つなぐこと

　Ⓐ「子どもが考えをつなぐことから思いがけない考えや学習が生まれる。」という結果文の中で重要なのは「つなぐこと」だ。インタビューの中の「つなぐ人間になってくださいって送り出す」「つなぐことで答えの

ないものにつくっていく」という表現に代表されるように、「つなぐこと」には様々な要素が含まれている。言葉と言葉、言葉と考え、人と人等、つなぐものは多様である。授業の中では、誰かの言葉や考えに自分の言葉や考えをつなぐこととして現れる。子どもがつなぐことにより現れる言葉や考えに対し、教師は思いがけない新鮮さを感じているのだが、子どもが初めからつなげることができるわけではない。まず教師がつなぎ、少しずつつなぎ目を子どもにゆだねてきた過程がそこには潜んでいる。

　用語組込では、以下のような結果が現れた。

　「つなぐことは、自分の考えを少しずつ変化させ更新していくようなものである。今ある考えと別のものをつなげようとすることで、自分の枠からいったんはずれる。そしてまたつなぐために、はずれたものをすいよせるようにして自分の中に取りこんでいくことになる。いったんはずれること自体が自分自身の発見になり、新しいなにかに気付かせてもらえるような、もらっている感覚が生まれる。」

　上記を教師がつなぐと置き換えて内容を見直すことで、教師の信念の中にある指導の手立てが見えてくる。まず重要なことは、教師が自分の枠からいったんはずれることである。さらにはずれているほかのもの（子どもの考えや思い）を自分の中に取り込んでいくことでもある。この双方向性の中でこそつなぐことが可能になるのである。

3.3　はずれること

　Ⓑ「枠組みからはずれたものは、予測していなかったものだからこそ際立ち、すいよせられるように注目される。」という結果文の中で重要なのは「はずれること」である。「はずれること」とは、既存の思考や先入観、予定調和のやりとりから離れた新しい視点や豊かな思考を意味する。しかし「はずれること」で生まれる誤読や逸脱の危険性もはらんでいる。

　用語組込では、以下のような結果になった。

　「はずれることは、子どもが誰かの発言をつなぐことや、自分の考えと他の考えをつなぐことで生まれる。はずれることにより子ども自身も思

いがけない発見がある。教師は、はずれることで生まれた言葉や考えを引き寄せて吟味する。はずれたものは予測していなかったものだからこそ際立って見え、すいよせられるように注目される。教師にとって興味深く、そこから新しい見方をもらっているような感覚が生まれる。」

　自分の考えの中に留まっていればはずれることはない。他者と交流し、他者の考えと自分の考えとをすりあわせようとするとき、自分の考えから一歩「はずれること」が生まれる。鳩田先生の授業では、思いもよらない深い表現や豊かな言葉が子どもたちの中から生まれる。なぜそのような言葉が生まれるのか参観者には理解できないのだが、子ども自身にも自覚がないまま「はずれること」を繰り返すうちに生まれてくるのである。それが「つなげること」を目指して「はずれること」による結果なのである。

3.4　もらっている感覚

　ⓒ「教師にとって興味深く、そこから新しい見方をもらっている感覚が生まれる。」という結果文の中で重要なのは「もらっている感覚」である。インタビューでは「子どもたちからよろこびをもらっている」「子どもたちから気付かされて、自分の方がもらっている」と語り、与える立場ではなく受ける立場としての教師の姿を自覚している。

　用語組込では、以下のような結果になった。

　「もらっている感覚は、子どもが誰かの発言をつなぐことや、自分の考えをつなぐ過程で、予測していなかったものから始まる。はずれるものとしての違和感や新鮮さがあり、それを吟味しようとすいよせるようにしてとりあげる。そこから生まれた新しい気付きをもらっていると感じることである。」

　初めは違和感や新鮮さとして受け止められる子どもたちの考えは、そのままでは逸脱したものに終わってしまうかもしれない。しかしそこで教師はその言葉にすいよせられるように反応し、取り上げ、子どもたちにもわかるように確認する。そしてさらに子どもに問いかけ、吟味を迫るのである。この過程を経ることにより、教師も子どもたちも新しい見方を「もらっ

ている感覚」を得ることができるのである。

4 結論

　鳩田先生の国語科教育への信念は「子どもが考えをつなぐことから思いがけない考えや学習が生まれる。枠組みからはずれたものは、予測していなかったものだからこそ際立ち、すいよせられるように注目される。教師にとって興味深く、そこから新しい見方をもらっている感覚が生まれる。」と整理された。さらに、重要語として「つなぐこと」「はずれること」「もらっている感覚」を取り出し、具体化された。鳩田先生の信念は重層的で深く根付いているため、その姿を言語化するのは難しい。しかし、抽象度を上げ、メタファとしてまとめることにより、その質感を取り出すことができた。第2節では、これらの信念が具体的な授業実践にどのように投影されているのかを考察する。

第2節　教師の信念とその実践における投影の様相

　本節では、前節で明らかになった教師の信念と授業実践を照らし合わせ、信念がどのように実践に投影されているかを整理し、信念と教育実践の構造を明らかにする。様相Ⅰでは、信念は教師の意図する形で学習方略や発問・指示、声かけなどに投影されていること、様相Ⅱでは教師は意図しないものの実践の中に信念が埋め込まれて投影されていることを検討する。

1 分析の目的と方法

　前節の分析から生成した教師の信念の5つのパターンと国語科実践を対応させ、実践に投影されている様相を考察することを目的とする。自己の信念を語る言葉を、離れた視点から見ることにより生まれる気付きに着目すると共に、言語化されていない教師の信念のありようを、実践の姿から浮かび上がらせる。

　教師の信念は前節で導き出した5パターンとする。本書の中での略称を

〈理念の実現・体験との結び付き・枠組み・もらっている感覚・教師のあり方〉とし、表55に示す。

表55　教師の信念

NO	パターン	略称
①	「はじめに子どもありき」の理念を実現する。	〈理念の実現〉
②	体験との結び付きに可能性を見出す。	〈体験との結び付き〉
③	誤解されることを避けるために枠組みを守る。	〈枠組み〉
④	一緒に考え抜く時のもらっている感覚を重視する。	〈もらっている感覚〉
⑤	上から下への教師のあり方に違和感をもつ。	〈教師のあり方〉

2　授業実践への投影の様相Ⅰ

　2015年1月13日から1月30日まで実践された「わたしはおねえさん」石井睦美作、第2学年（光村図書）の授業、全12時間を、参与観察者として筆者が参観し記録した。

　教材の内容と授業の流れを概説する。登場人物は2年生の姉すみれと2歳の妹かりんの2人である。物語は、等身大の2年生が描かれている。ある日自宅で、すみれは「1年生のお姉さん」の2年生として立派なことがしたくなる。朝のうちに宿題にとりかかるが、始める前に窓から見える庭のコスモスが気になり水をやりに出る。その間に、かりんがすみれのノートに落書きをしてしまう。もどってきたすみれは泣きたいのか怒りたいのか分からない気持ちになるが、かりんが勉強しようとしてコスモスを描いたと知ると、その絵がかわいらしく見えてきて思わず笑う。すみれはかりんの描いた絵を消しかける。しかし消すのをやめてノートの次の頁を開くところで物語は終わる。

　12時間の授業の流れは以下のようであった。①感想を書く。②感想を読み合う。③人物関係図を描く。④すみれのしたことや言ったことで心に残った言葉や文を書き抜く。⑤書き抜いた文を話の順番に並べる。⑥クラスで話し合いたい課題をつくる。⑦課題についての考えを書く。⑧～⑩課題について学級全体で話し合う。⑪感想を書く。⑫自分がお兄さんお姉さんに

なったなと思うことを書く、である。⑧～⑩の話し合いは「きいて・考え・みんなでつなげる話し合い」とされているため、授業の話し合い部分を〈つなげる話し合い〉と表記することとする。

VTR記録を文字化したものを分析資料とする。5つのパターンと、授業実践の具体例と結び付け、その様相を整理する。具体的様相は授業の文字化資料やインタビューデータで示し、特にパターンと結び付く部分は下線を引き、小文字アルファベットを附して論じる。子どもの名前は仮名としカタカナで示す。

2.1 ①〈理念の実現〉③〈枠組み〉⑤〈教師のあり方〉の授業実践の様相

教師が作成した学習の手引きには「人物関係図作成」などの項目を示し、子どもや保護者、参観者へ、枠組みを示しながら独自の理念を伝えようとするパターン③〈枠組み〉が具体化されている。表56は「登場人物を書き出し、人物関係図をかきましょう」という手引きを元に個別学習を進めた後、全体で人物関係図を確認している場面である。

表56

T：みんなで（人物関係図を）つくっていくよ。ⓐ情報を教えて。誰が出てきたの？ C（口々に）：すみれちゃん、かりんちゃん、コスモス C：かりんちゃんのことで、かりんちゃんはコスモスが好き。 C：すみれちゃんもコスモスが好きで、かりんちゃんにやさしい。かりんちゃんとすみれちゃんは両思いだから。それからコスモスのことも好きだから、その真ん中にコスモスがある。 T：どっちから矢印ひけばいいの？こっち？ⓑ

枠組みに沿って全体指導をするときに、ⓐの「みんなでつくっていく」という教師の宣言と、ⓑの「どっちから？」と確認しながら進む過程に、パターン①〈理念の実現〉⑤〈教師のあり方〉が現れている。前半の5時間と、最後のまとめの1時間には類似した事例が多く出現した。

第4章　授業に埋め込まれた対話的コミュニケーション　139

2.2 ①〈理念の実現〉④〈もらっている感覚〉⑤〈教師のあり方〉の授業実践の様相

〈つなげる話し合い〉と名付けられている学習活動は、子どもがつくった課題について、子どもが発言をつなげながら自分の考えを発表する。教師はつながる発言記録を板書に整理し、時折確認し立ち止まる発言をするが、司会進行は子どもが担当する。

表57は、「かりんちゃんはどうして2回もお花と言ったのかな」という課題についてのつなげる話し合いの場面である。

表57

C：かりんちゃんはきれいだと思ったから絵に描いて、春に種をまいて一生懸命育てたから。 T：ここに一生懸命育てたって書いていい？〈板書〉ⓒ C（コウタ）：1回目にお花っていって、56頁の3行目に、そのあと5行目で「そう。」って言って、またお花って答えたと思う。 T：(沈黙) まとめられるかな。今の発言。コウタさんの意見、まとめられないな。だれか？ⓓ C：これがお花なのっていうあとに、「そうと言うように」というところで、すみれちゃんに答えているんだと思う。 C：コウタさんにつなげて、最初に言ったときはお花って伝えたかったんだけど、その次にお花って言ったときは、おねえちゃんが「お花なの？」って言ったから、「うん、お花」って言いたい。つけてないけど「うん」って言いたい。 T：なに？2回目は「うん」っていいたかったの？ⓔ C（口々に）：言いたかったけど、まだ2歳だから。 T：すごいわ、あなたたち。1回目のお花と2回目のお花と違うのね。わたし、これはすごいことだと思うよ。ⓕ　つけたしない？ C（コウタ）：その部分が、教科書の「うなずきました」ってあるから。

パターン①〈理念の実現〉⑤〈教師のあり方〉はⓒの「一生懸命育てた」という子どもの言葉を抜き出すことと、板書上にどう書くかを確認しているところに現れている。

また、ⓓでは教師が子どもの発言の真意をうまくまとめられないことを率直に伝えたあと、子ども同士がつなげながら進行していく。その時教師は、聞き手の一人という立場をとる。子どもがつなげてコウタの言いたかっ

140

たことを「『うん』って言いたかった」と言い換えたときに、ⓔでくり返して確認し、ⓕで聞き手の一人から解釈し価値付ける教師へと位置替えをしている。パターン④〈もらっている感覚〉は、客観的に評価することに留まらない、教師の情意的反応として出現している。

2.3 ②〈体験との結び付き〉の授業実践の様相

表58には、教師の意図的な指名が見られる。

表58

C：お花はコスモスのことで、自分の家の特別なコスモスと思っていて、お花と言ったと思います。
C：つけたしで、特別なコスモスっていうのは（中略）春に種をまいたときにいろいろなコスモスを知らなかったから、それをもっとお勉強したかったのかなって思って、コスモスを描いたのをお勉強って言っちゃったんじゃないかと思う。
T：こっち側（別の課題）の方にいきそうだね。ちょっとまってね。リコさんはさっきから待ってくれているんだけど、今の「お勉強」と言ったところから言えそう？どうぞ。ⓖ
C（リコ）：かりんちゃんがお勉強したのは、すみれちゃんが勉強しようとしていたから。
C：今リコさんが言いたかったのは、かりんちゃんはお姉ちゃんと同じことをしたいって、勉強のつもりでお花を書いたんじゃないかな。
T：同じことしたいってあるけど、リコさん、もう少し言ってみて。妹さんいるじゃない。ⓗ

　自分のまねをしたがる妹がいるリコに向けて、ⓖやⓗで生活体験と結び付けた意見を促している。このようなパターン②〈体験との結び付き〉の事例は、学校でのお兄さんお姉さんの役目を果たす上級生と関わった体験の語りを促したり、生活科の成長の記録を扱う学習資料をもとに考えさせたり、日常と関連付けられ、実践の中に多く出現した。

3　授業実践への投影の様相Ⅱ

　単元の8時間目終了後、授業記録をもとに、参与信念察者である筆者の

第4章　授業に埋め込まれた対話的コミュニケーション　141

印象的な二つの授業場面についてインタビューを行った。第1は個別指導でのツカサの変化、第2はつなげる話し合いでのユミのずれである。それぞれの場面の授業記録の文字化資料をふり返りながら自由に語ってもらった。ICレコーダーで記録し、文字化し分析資料とする。

3.1 ③〈枠組み〉④〈もらっている感覚〉と個別指導

鳩田先生の個別指導は、教師が回って助言する方法と、学習が終わった順に教卓に並ぶ方法とを様々に組み合わせ、ほぼ毎時間行われている。

「自分たちで作った課題について、自分の考えをもとう」というめあての5時間目の個別学習で、ツカサは3度、教師のそばに並び個別指導を受けた。課題は3つあり、それぞれについて考えを書き、教師に評価と助言をもらう。評価は色シールで示す約束になっている。S評価は緑、Aは青、Bは黄、Cは赤である。ぴかぴかシールという名前で銀のシールも用意されている。ツカサが変化した個別指導の様子（資料5）について、は次のように語った（表59）。

表59

ああ、ほんとに、黄色を貼っても怒らなかったのね。そうそう。ツカサさんは怒る（ことが多い）タイプだから、ほんとうはね。 　今学校全体でルーブリック評価をやっているから<u>若い人たちにもわかるように（シールを使って）やっている</u>⒤んだけれども。 　まず、すぐにはコメント書けないから。でも、子どもたちが出しに来ているものには読みながらこれキーワードになるな、これいいなっていう記述にはすぐ（サイドラインを）引いてあげる。すぐピンクを。それで、シールは瞬時に貼る。<u>ほんとうはおまけで青の子もいるんです。上位層でまだ書けるっ</u><u>ていう子には、平気で黄色をつける。まだまだだよって。</u>⒥その時に文句はたぶん言わない。叱咤激励されているのだろうって。子どもたちも、もっといいもの書いてくる。その子たちはすごく伸びている子たちだよね。それで、言わないと思う。ツカサくんとか、厳しいんだけれども。あのたった2行かもしれないけど、自分の弟のこととか想像しながら、やっぱり<u>しみいる言葉</u>⒦書いている子には、1回で「緑あげたいけど青だよ」みたいなね、声かけてもして、また書いておいでってことは言う。 　子どもと、子どもが表現したことと、ほんとに一緒に対話していて、私も

聞いているのかもしれないね。書きながらもっと聞きたい、もっと引き出したいって思っているから、もう少し教えてってもどすときもあるし。もうちょっと教えてⓜっていうのは上位層だと思う。そういう子は書けるから。そして、付けたしたものを整えて文章にしていくこともできている子たちだから。うん。書けない子には、最初の、書き出しを書いて、あなたは半分でもOKよって、がんばれって送り出すし、それはやっているかもしれないな。

　色シールでの評価・子どもの考えのキーワードにピンクのマーカーペンなど、目に見える技法をⓘで「若い人にもわかるように」意識して取り入れている（パターン③〈枠組み〉）が、ⓙの「おまけ・まだ書ける」などの個人差に対応して使い分けながら、意欲に結び付くことと力を伸ばすことに配慮している。さらに、個別指導でも一緒に考えて子どもから新しいものを、ⓜの「引き出したい、聞きたい、教えてもらいたい」という願いが同時にあり（パターン④〈もらっている感覚〉）、レベルに関係なくⓚの「しみいる言葉」を見つけて価値付けている。

3.2　③〈枠組み〉④〈もらっている感覚〉とつなげる話し合い

　つなげる話し合いでは、課題について発言が続き、その発言につなげて自分の考えを重ねていく。あらかじめ考えは書きまとめてあるが、つながりから瞬時に再構成して話すことが求められる。豊かな発言が多く生まれるが、発想が広がり冗長になりやすい。

　ユミは、同じ言葉をくり返し、自分の考えを確かめながら発言するため、よい発言も多いが何を話しているのか分からなくなることも見られる。「妹の行動を考えるとしまうのになんでしまわなかったんだろう」「妹のわからない場所にいれておけばよかったのに」という２人の意見につなげてユミが発言した場面である。子ども部屋の想定、部屋に入る状況とノートに気付く場面のイメージを語りながら想起し、想起しながら語る。「おもちゃがあり、それを取りに来た」という根拠のない想像も見られる。「そうじゃないかもしれないけど」と自己修正しながら冗長になる。（資料６）この場面について、鳩田先生は次のように語った（表60）。

第4章　授業に埋め込まれた対話的コミュニケーション　143

表60

> 　単語で答えちゃいけないということは言っているかも。語る子を育てたい。誤読と言われる部分で長々と語っても困るけれども、でもやっぱり、<u>考えを単語じゃなく文章できちんと伝えられるような子を育てたい</u>ⓝと思ってきたから。ある程度長く話せるようになってきたけど、反対に長く話すことで心配なのがOくんとユミさんね。でもこの二人は感性もよくて、情意の面も育っているから、テーマにも迫っていける、プラス、そういうものもとりこんでいけるから、まとまりづらいのね。今、様子を見ているところだけれども。課題かもしれない。ⓟ
> 　あと、ずれちゃうかもしれないんだけれども、ユミさんみたいな人と対極にあるのが、（中略）<u>なかなか発言が出にくいタイプの子どもたちもいるんだけれども、むしろその子たちが聞いていて、しっかり書いていることに、ああ、こういうふうにみんなの話し合いの中から自分の考えを創っているんだな。</u>ⓠはいはいって言うわけではないけれども、そういう子たちも大事にしていきたい。どういうふうにしていったらいいのかなって思いながら。いつも書いたものの最初と最後を読ませてもらって。コメントを入れるようにはしているんですけれども。言いたい言いたいのクラスから、しっかり聞けるクラスになっていくといいですよね。

　鳩田先生は、ⓝで「単語じゃなく文章できちんと伝える」ことを大事なルール（パターン③〈枠組み〉）としている。ややずれてしまうユミに対して、その場で矯正するのではなく、ⓟで「まとまりづらい」けれども「情意の面」の成長とのかねあいを考慮しつつ様子を見ると語り、じっくり聞く立場をとる。一方で、ⓠで「なかなか発言が出にくいタイプの子」についても言及している。文章で伝えることができなかったり進んで発言しなかったりする子どもは、文章を書くことで伝える力が育っていると語る。その姿から、聞いていた話し合いを個人の中で新しく作りかえている様子（パターン④〈もらっている感覚〉）を見ている。話し合いの授業で、その後に書いたものを手がかりとして、聞き手としての成長を読み取ろうとしているのである。

4　考察

　様相Ⅰ・Ⅱを基にして、TAEの結果をもとに分析し考察を述べる。
　教師の信念は、様相Ⅰでは顕在的に、様相Ⅱでは暗在的に現れていた。

様相Ⅰでは、教師が作成した指導計画や学習方略、発問・指示、子どもへの声かけに信念が投影されている。教師の信念は、具体的な〈実践の言葉〉に変換して表現され、意図的な国語科授業を構成していることがわかった。特にパターン①〈理念の実現〉⑤〈教師のあり方〉は常に意識され、単元全体で発現した。①⑤は信念の中でも深層に位置し、実践への投影過程のすべてに機能していると考えられる。

　様相Ⅱでは、教師が〈あたりまえ〉と位置付ける実践の中に埋め込まれ、言葉になっていないが、暗在的な投影が見られた。それが、授業記録や参与観察者である筆者との省察によって意識化された。暗在的な投影に気付いたときには、沈黙がおこり、考えたことがなかったことや、なぜかという疑問がつぶやかれ、そこに新たな意味を自ら見出していた。ツカサへのまなざしについて、「ツカサさんの絵が変わった。すみれちゃんの怒った顔と泣いた顔を描いてもらって板書において授業した。授業に絵でちゃんと参加している。」とも語り「しみ入る言葉」が育まれる場を大事にしていた。ユミのずれについて、鳩田先生は、冗長さという改善点の指摘よりも、うまくできなくてもつなげようとしている今を一緒に体験しひきうけることを選んでいた。

　鳩田先生の語りに現れる〈枠組み〉は、具体的には「学習の手引き」を例としているが、「指導技法・学習スキルやルール」等を総称している。「学習の手引きのような〈枠組み〉があるからこそ、つなげる話し合いでは自由になれる」と語り、枠組みは自由と対立すると位置付けている。枠組みを設定することは、わかりやすく伝えるための方略と捉え、自由でいられることは、自分らしい授業実践に必須であるとする。自由であることにより、授業を参観する他者には伝わりにくくなることを危惧し、分かりやすさを求めて手引きや技法やルールなどの枠組みを位置付けている。

　しかし、実は枠組みが大きな役割を果たしていると筆者は考える。枠からはみ出て逸脱するところで、暗在的な信念と実践とが結びついているからである。パターン④〈もらっている感覚〉は、鳩田先生の実践の機動力になっている。子どもが誰かの発言からつないでいくとき、自分の考えを

第4章　授業に埋め込まれた対話的コミュニケーション　145

つなぐ過程で、予測していなかったものが生まれる。予定調和でないその場での思考を重視するため、はずれるものとしての違和感や新鮮さが生まれるのである。鳩田先生はその違和感や新鮮さを見逃さずに「○○でいいの？」「○○かぁ」と確認して板書やコメントをする。もらっていると感じるのは、逸脱するものと向き合う時なのだ。

　牛山（1995）は、「子どもの存在自体、大人の価値信念からの逸脱であり、その表現において、あるいは読みにおいて、子どもは大人の枠組みにはまり切れない、というより、むしろ、大人の枠組みにはまりきることを拒否する。」と述べる。ここでは〈枠組み〉を教師の先入見や想定・予測と広義にとらえている。この牛山の〈枠組み〉からの逸脱は、まさに鳩田先生の〈もらっている〉と感じることのできる生きた子どもの姿と重なる。鳩田先生自身は狭義に〈枠組み〉について語ったが、広義の〈枠組み〉の意味も含んでそこあるのだ。

　佐々木（2012）は、教育実践場面における教師の思考として「①『明示的な枠組み』『意図的視点』にもとづいた気付き、②実践の中で間接的に意識されることによって内化される気付き（アウェアネス）」が重要であるとする。「はじめに子どもありき」に根ざす国語科実践は、枠組みと対立するものではなく、枠組みがあるからこそ内化される気付きを生んでいるのではないか。枠組みから逸脱しようとするずれから子どもの姿をとらえるというところに本質があるのだ。

　枠組みをおくこと、つまりそれは一見「はじめに子どもありき」に根ざす国語科実践とは離れるように見えるものであるが、枠組みがあるからこそ、そこからはみ出て逸脱するものの自由さを〈覚悟をもって子どもたちと生きていくこと〉という自身の信念に照らしているのである。はみ出て逸脱したものが生まれるには、はみ出るべき枠組みが求められるのだ。想定外にはみ出てくるものや、それて逸脱したものの中に、新しい可能性（＝教師がもらっている感覚を得られるもの）をすいよせているとも言えるだろう。

5 結論

　実践記録とインタビューデータの現象学的分析を通して、言語化されていなかった暗在的信念の投影が、参与信念察者である筆者との対話から二重化して現れてきた。二重化した信念のずれの修正により教師の信念は顕在化し、また暗在化していく。

　三村（2011）は、自己再帰性の重要性を指摘する。言語化に先立つ次元で身体的に感じられている暗在的な信念は常に実践することにより更新され続け、自己再帰的に生起していく。黒羽（2005）は、熟達した教師ほど、その信念は強まり具体的な実践エピソードと関連付けられていくという。信念を言語化し、それを実践と結び付けて分析することにより、自己再帰的に暗在的信念が生起され、生起というプロセスによって変更が生まれ、以前にはなかったものとして更新されていくのだ。従って、教師の信念をいったん言語化し可視化することにより、さらに深くその信念は確かなものとして機能していくのである。

資料5．個別指導でのツカサの変化

1回目の個別指導の記録 　（授業開始33分頃、ツカサが初めて並ぶ。他の子どもは教師の前にすぐ立ち言葉を聞こうとするが、横に立ったままでいる。「なまえがはなだから？」と書いてある。） Ｔ：おっ、ツカサさん楽しみだ。（じっくり読み、ツカサの肩を数回たたき、小さな音で拍手）名前が花だから（笑い）反対だね、（ワークシートを訂正しながら）すみれちゃんは名前が花だから？はてなってしてるでしょう。すごくいいじゃん。これ。（拍手。青シール1こ、銀シール1こ貼る）
2回目の個別指導の記録 　（5分後、ツカサ2回目に並ぶ。） Ｔ：さあ、ツカサさんは？ 　（ツカサは真正面に立ち、ワークシートを笑顔で見つめる。） Ｔ：（読みながらツカサの頭をなでる）なんでだろう。（青シール3こ、銀シール3こ貼る） 　（ツカサはうれしさを我慢できず、じっとワークシートにシールが貼られるのを見ている。） Ｔ：自分の言葉を大事にね。このまんまね、大事にするのよ。（花丸を付ける）

第4章　授業に埋め込まれた対話的コミュニケーション　147

3回目の個別指導の記録

（3分後、ツカサ3回目に並ぶ。前に並んでいる子と教師とのやりとりをじっと聞き、終わるやいなや、教師の前に立ちワークシートを見せる。）

T：（読みながら）うん、うん、やさしいからね。よし。さっきのはよくって、これも悪くないんだよ。でも、どこからっていうのがわかると青になるよ。（黄シール1こを貼る）

（ツカサはうなずきながら話を聞き、すぐに受け取ってもどり、書きたす。）

資料6. つなげる話し合いでのユミのずれ

C（タキ）：半分は泣きたいのところで、すみれちゃんは妹に意地悪をされて、なんでノートをおいちゃったのかなって、自分で後悔をしてくやしいなきそうになったんじゃないかなと思います。半分。

T：何でノートを置いちゃったんだろうって、書けばいいの？もうちょっと教えて、それ。

C（タキ）：ふつうノートはしまうんですけど、妹の行動を考えるとしまうのに、なんでこういうときにノートをしまわなかったんだろうって。

C（ユウ）半分泣きそうっていうのは、タキさんと似ているんですけど、ふつうとかノートとか、ふつう棚とかに入れとくっていうか、しまって、妹の分からない場所に入れとく？しまっておくって感じ。

T：しまっておくって感じ？これ。もう少し聞かせて。

C（ユミ）：ユウさんとタキさんとちょっと似ていて、すみれちゃんは、かりんちゃんは、いつもすみれちゃんの部屋、部屋があるかわかんないけど、部屋には入んないけど、その日はたまたますみれちゃんの部屋に入って、すみれちゃんの部屋に何かおきわすれたっていうか、おもちゃとかあって、それをとりにいこうとして、それでテーブルにノートがおいてあって、ちょっとなにか描こうかなって思って、周りを見て、それですみれちゃんがもどってきたらかりんちゃんが描いてて、そのところから半分泣きそうで、半分怒りそうで、でもかりんちゃんはまだ2歳だし、おこったらかわいそうだと思うし、あと、自分はどうしてかりんちゃんにだめだよって言わなかったかなって。言わなかったから泣きそうなのかな。

T：まだ2歳か。

148

第3節　実践に埋め込まれた子どもの対話的コミュニケーション

　本節では、第1節、第2節で分析対象とした教師の信念と授業実践の中での子どもの対話的コミュニケーションの様相から分析を行う。学級全体で話し合いながら読み合う3時間の授業記録を、〈発話機能の特徴・他者と自己との協働の発話の構築・予測不可能事象への対応・沈黙と認識の深化〉の4点から相互作用分析により検討する。その結果から、能動的聞き手としての学習者の特徴として、〈質の進展・内側との直接照合・すりあわせ〉の3点を明らかにする。

1　分析の目的と方法

　前節において、「学習計画や学習方略、発問・指導、子どもへの声かけ」に教師の信念が顕在的にあらわれていることがわかった。さらに、「常に枠組みを問い直し続けること」「枠組みから逸脱する"ずれ"から子どもをとらえること」が暗在的に埋め込まれていることが明らかになった。

　本節では、その実践を子どもの発言の側面からとらえ直す。子どものことばのはたらきかけのやりとりの様相に目を向けることで、立体的に実践を素描することを目指す。

　教師の信念が投影されている授業形態として、〈つなげる話し合い〉が特徴的である。〈つなげる話し合い〉とは、発言された意味内容やキーワードの言葉へつなげて次の発言をつくっていく学級全体での話し合いの学習である。学習課題のほかに、「聞いて考え、みんなでつなげて話し合いをつくっていこう」というめあてが設定されている。教師は発言を整理し確認して板書する。子どもが司会を務め指名するが、必要であれば教師が進行を助け、意図的に指名して発言を促すこともある。

　「はじめに子どもありき」の理念に根ざした〈つなげる話し合い〉の特徴とは何か、いわゆる一般的な話し合いとの差異は何かを問うことで、教師の信念と呼応する子どもの言葉の機能に注目する。

対話的コミュニケーションの特徴は、①自己と他者との協働の発話の構築②予測不可能事象への対応③沈黙による認識の深化、の３点である。重視するのは「能動的に聞くこと」である。「はじめに子どもありき」の教育理念にある「能動的な学習者」としての子ども観を、言葉のはたらきかけのやりとりからとらえることで、「能動的な聞き手としての学習者」と言い替えることとする。

　「はじめに子どもありき」の理念に根ざした国語科授業実践の中の〈つなげる話し合い〉を、子どもの発言の発話機能から整理し、対話的コミュニケーションの特徴を分析する。表面的には見えない言葉のはたらきかけのやりとりに埋め込まれている能動的な聞き手としての学習者の様相を明らかにすることを目的とする。

　熊谷（1997）の発話機能分類（第１章参照）をもとに、「発話内容・発言姿勢」から〈行為的機能〉〈相手へのはたらきかけの姿勢〉〈同調性〉、「話し手と相手・及び両者の関係」から〈発話の受け手の種類〉、「会話の流れの構成」から〈発話のきっかけ〉の５つの機能の側面から子どもの発話を分析し、それによって求められた機能的特徴の束として整理する。ひとまとまりの束としてみることで、表面的な発言内容だけでなく、そこに埋め込まれていたものをとらえられるようにする。さらに、対話的コミュニケーションの３つの特徴から子どもの発言の特徴を分析する。

　〈つなげる話し合い〉として設定された３時間の授業場面（Ａ・Ｂ・Ｃ）をビデオで記録したものを分析対象とする。また、授業を記録した筆者の授業観察記録も分析対象とする。分析は、①発話機能の特徴、②他者と自己との協働の発話の構築、③予測不可能事象への対応、④沈黙と認識の深化の４点から行う。

　音声は文字化し、資料とする。発言は一人の発言を１単位とし、途中に挟まれた聞き手のつぶやきは発言内に含み通し番号をつける。司会の子どもの言葉は除外する。発言資料の文字化の方法は以下の通りである。
・「通し番号（1-83）」「授業（ABC）」「授業の中の通し番号」「発言者（仮名・カタカナ）」で示した。

150

・短い沈黙は「：」、語尾の上がりは「？」、文末の下がりは「。」2秒以
上の沈黙は（○秒）つぶやきを含む指名されない発言は《》として表記
する。

2 発話機能の特徴

　12の観点のうち、5つの観点に特徴が見られた。独自の特徴が見られた
部分を表61に示す。

表61

カテゴリー	分類項目	特徴
発話内容・発話姿勢	行為的機能	・陳述・表出（情報内容を述べる）
	相手への働きかけの姿勢	・教示・伝達的（相手に情報を与えようとする）
	同調性	・同調的
話し手と相手・及び両者の関係	発話の受け手の種類	・不特定多数の聞き手
会話の流れの構成	発話のきっかけ	・自発的 ・自分に向けられた発話 ・自分に向けられたのではない発話

　【発話内容・発話姿勢】パターンの「行為的機能」の観点は、課題につ
いて考えた自分の意見を述べる〈陳述・表出〉の特徴が見られた。「相手
への働きかけの姿勢」の観点は、学級全体に考えを伝えようとする〈教示・
伝達的〉の特徴が見られた「同調性」の観点は、課題について述べられた
他の発言について、その考えに沿いながら述べる〈同調的〉が多く現れ
た。【話し手と相手・及び両者の関係】の「発話の受け手の種類」の観点は、
学級全体に向かう〈不特定多数の聞き手〉という特徴がみられた。

　これらの特徴は、一対衆という関係性で発言が繰り返される話し合いで
は標準的なものといえる。

　発話機能の独自の特徴が見られたのは、【会話の流れの構成】の「発話
のきっかけ」の観点である。自分から挙手をして指名されてから発言する
ため〈自発的〉なきっかけという特徴をもつが、多くが〈自分に向けられ

たのでない他者の発話〉をきっかけとしていた。ここが一般的な学級全体
での話し合いとの差異である。発言する前にこれから発言することはどの
先行発話に誘発されているのかを宣言しながら挙手する様子からもそれが
わかる。例を下線で表62に示す。

表62

38B 9ヨウゴ：（前略）コスモスが気になって、きましたのところで、気になって、おきっぱなしにして、あれ（2秒）。《<u>ヨウゴさんににています。／コウさんに少し似ています。／コウさんにつけたしです。／コウさんに似ています。</u>（口々に）》

　ヨウゴは発言が中断し、なんと言ってよいかわからなくなり、首をかし
げ、座ってしまう。この後、多くの子どもが口々に名前を出しながら挙手
をした。全体に向けられたヨウゴの発言であるが、それを受けて自分が発
言をしようとしていることを宣言しているのだ。司会役を子どもが務める
ため、司会は挙手の際の言葉を頼りに次の発言者を指名する、という手続
き的な学習ルールのひとつとみることができるだろう。しかし、注目した
いのは直前のヨウゴより前に発言したコウの発言を受けて、自分の考えを
発言しようとしている子どもが多く見られることである。次々と教室に発
言が出される中で、自分の考えが誰の発言とどうつながっているかを常に
意識しながら聞いている能動的な聞き手の姿が現れている。

3　他者と自己との協働の発話の構築
　〈くり返し・つなげ・予測〉という対話的コミュニケーションの特徴か
ら分析する。ここでは、〈つぶやくくり返し〉〈キーワードのくり返し〉〈言
い替えるつなげ〉〈予測〉の4点から整理する。

3.1　〈つぶやくくり返し〉
　〈くり返し〉は、指名された発言ではなくつぶやきとして頻出した。発
言の間に挟み込まれる形で示されている。発言例を表63に示す。聞き手の

子どものつぶやきに見られる〈くり返し〉は《　》で示す。

表63

> 40B11リン：おこりそうのところで、ユミさんとモカさんのお絵かき帳のところで（3秒）かりんちゃんが、書いてて、お絵かき帳かと思って書いちゃって、で、すみれちゃんがもどってきて、それで：あの：そのノートに、かりんちゃんにお絵かきしちゃいけないのに、勉強しちゃいけないのに《勉強しちゃいけない》そうじゃなくて、（3秒）お絵かきとか勉強とかしていいよとか言ってないのに《ああ、言ってないのに》勝手に絵かいているから《勝手に絵かいてるのに》

　つぶやきは、発言者への問いかけのようであり、自問するひとりごとのようでもある。27人の話し合いであるが、少人数グループの話し合いの様相に近い。

3.2 〈キーワードのくり返し〉

　〈くり返し〉は、直前の発言の中から言葉を重ねる発話が多く見られた。時間の経過を経ている発話についても、板書を手がかりにして〈くり返し〉が行われていた。発言例を表64に、前の発話からキーワードをくり返している部分を下線で示す。

表64

> 37B 8 ジョウジ：コウさんにつけたしで、コウさんの<u>出しっ放しで忘れちゃった</u>っていうのは、ユミさんとコウさんのと同じで、<u>外が気になって</u>っていうのは、53頁から54頁にかけての（3秒）ところで、「おきっぱなしのすみれちゃんのノートに（中略）かりんちゃんがえんぴつでなにかを書き始めたのです。」のところは、<u>忘れちゃって</u>、何かが起きていて、<u>忘れちゃって</u>というところと<u>出しっ放し</u>というところは、一番最初にタキさんが言っていた<u>後悔していた</u>ということだと思います。

　複数の既出発言で現れた用語をくり返しながら、それらをつなげようとしている。直前の発言の中のキーワード以外は、板書を手がかりとしている様子が子どもの視線から観察される。

第4章　授業に埋め込まれた対話的コミュニケーション　153

3.3 〈言いかえるつなげ〉

〈つなげ〉は、前の発話からつなげる意識をもちながら、その発言を自分の言葉で言い換えたり言い直したりする発言として現れた。発言例を表65に示す。

表65

56B27リン：半分泣きそうなところも、43頁の歌の歌詞に入ってて、元気なお姉さんって言葉が入っていて、泣いたりくじけたりするのは、元気なお姉さんじゃないから。 57B28ジョウジ：リンさんとユリさんにつけたしで、リンさんとユリさんと言っていたのは同じで、<u>まとめると</u>、泣いたり怒ったりしたくないって言うのは、わたしはお姉さん、やさしいお姉さんっていうのをこわしたくないっていうのは、泣いたり怒ったりするのを<u>こらえたんだ</u>と思います。

「まとめると」という言葉を用いてつながりを示し、「こらえる」という新しい表現に言いかえをしている。

3.4 〈予測〉

〈予測〉は、前の発言について話し手はこう言いたかったのではないかという聞き手から推測として現れた。発話例を表66に、予測していることがわかる部分を下線で示す。

表66

14A14ヒロ：かりんちゃんがお勉強をしたのは、（2秒）すみれちゃんがお勉強しようとしていたから。 Ｔ：勉強しようとしていた。：そこつけたせる？ヒロさんに。さあ、大事にしていこう。 15A15タキ：今ヒロさんが言いたかったのは、かりんちゃんが<u>お姉ちゃんが勉強しようとしていたからっていうのは、かりんちゃんはお姉ちゃんと同じことをしたいって、勉強のつもりでお花をかいたんじゃないかな</u>と思う。

先行発話の意味内容を推測しながら自分の考えとすりあわせている。

154

4 予測不可能事象への対応

学習課題は登場人物の行動や様子の理由や根拠を探るものや意味を問うものである。子どもは、学習前に課題について考えを書きまとめ、それが考え一覧としてまとめられたものに目を通している。つまりおおよその考えを共有しているため予測可能な状態である。

しかし、課題についてそれぞれが考えを述べ、用意された自分の考えを読みあげる発表とは異なるため、どんな発言が話し合いの場に出されるかによって次の発言を考えることが続いていく。そのため、自分はどのように語るかについては予測不可能であると言える。

学級全体の話し合いの様相として、発話の姿勢は同調的である。そのため、一つの発言内容が少しずつ重なりながら付加され、詳しくなり、関連付いていく。大きく予測をこえる発言が出現することは少ない。そこで重要になるのが教師の介入である。

キーワードについて意見が重なることにより、微妙な違いが浮き出てくる。言葉を吟味する必要が生まれた時や、誤読や独りよがりな想像から叙述に立ち戻る必要があるときなどに多く見られた。発言例を表67に示す。

表67

70C11コウタ：ジョウジさんのずっと見ていた、ずっと見ていて大事にしていたから（T：え？ずっと見ていたから？）ずっと見ていたから、かわいく見えたのところで、ずっと見ていてかわいく見えてきたからけしかけたんだけど、消さなかったんだと思う。
T：ねえ、ここ、大事なこと言ってくれたのかも。かわいくかいたのか、かわいく見えてきたのか。近くの人と話し合って。
（自由に周囲と相談2分02秒）
T：どう、いけそう？今聞いていたけど、いい話し合いができたみたい。どうかな。動くかな。
71C12カナ：あの、セリさんにつけたして53頁のすみれちゃんがわらったところの、わははが、かりんちゃんと同じで、笑ってることはもう許してるってことで、それで、もういいよっていってるから、もう許してて、許してるから、なんかもう、怒った気持ちじゃなくて半分と半分じゃない。

第4章　授業に埋め込まれた対話的コミュニケーション　155

2分ほどの相談の時間、カナは隣のマサトとの間に自分の教科書を広げページをめくり、『じっと。ずっと。「あはは。」』という叙述を指さし、「この言葉でわかるでしょ。怒ってるんじゃなくて、泣いてるんじゃなくて、いいんだよって。もう、ゆるしてるんだから。」と一気に思いを伝えた。マサトの「いいんだよって言いたい。」という同意を受け、その後の叙述『ぐちゃぐちゃの絵がかわいくみえてきたのです。』の部分を鉛筆で何度も丸で囲み、「それがここにつながってるんだよ。」と力強く話した。教師が「どう、いけそう？」と全体に問いかけると、カナは「うん、いけそう。」と周りに聞こえる声でつぶやき、「はい。」という大きな声で挙手をした。カナの発言への意欲が表現され、司会から指名されて発言した。これはカナの本時での初めて発言であった。

　教師が子どもの発言の微妙なずれから新たな課題を提出したことにより、それまで予測していなかった観点から読み直すことが迫られ、思考が進展し、それを伝えたいという意思が表明された。予測しない出来事への対応から生まれた思考と発言の姿である。

5　沈黙と認識の深化

　沈黙が生まれ、対話的コミュニケーションが停滞するように見える部分での相互作用について分析する。

　〈つなげる話し合い〉の発言は、言いよどみながら、ゆっくり語られる。途中でとまり、沈黙し、言葉を言いかえる。そこで、聞き手がつぶやきで〈くり返し〉をしたり、予測して〈つなげ〉が起こったりする。はじめは、何を言いたいのか聞き手にはよくわからないが、話し手自身もぴったりする言葉を未だ確定しないまま発言を始めたようでもある。言葉を探しながら進むことにより、その沈黙は聞き手も共有することになる。つなげて話すことにもつながっていく。発言例を表68に示す。

156

表68

62C3タット：ヒロシさんにつけたしで、すみれちゃんが大切に育てている花をかいてくれて、いい（2秒）いい（3秒）（T：いい？）、いい人だなって。（T：かりんちゃんはいい人だなでいい？かりんちゃんはいい子だな？いい人だな？）はい。

　タットが言いよどむ「いい」の後の言葉を、その場の子どもも教師も考えながら発言を聞いていた。タット自身も、「いい」の後になんと言えばぴったりするのかを自問するようであった。「いい人」という言葉が出たとき、教師は、主人公が妹に対して「いい人」という表現でよいのかを確かめるように「いい子だな？いい人だな？」と新たに「いい子」を提案しながら「いい人」をくり返している。タットは自分が発言した「いい人だな？」に対して「はい」とうなずく。教師はそれを受け、「かりんはいい人だな。（タット）」と板書した。タットにとって、「いい人」という言葉を探り当てるように見つけた過程は、他の言葉で置きかえできないものとしてその場に提出されたのである。

6　考察

　発話機能からは、「発話のきっかけ」に特徴があることがわかった。〈自発的〉でありながら他者に誘発されているという特徴である。ここが、一見活発に見える学習との差異である。「発話の受け手の種類」は〈不特定多数の聞き手〉であるが、聞き手である子どもが多数の一人としてではなく、主体的な聞き手として聞いている能動性がわかる。

　自己と他者との協働の発話の構築の視点からは、次のような能動的な聞き手としての学習者の3つの特徴が浮かび上がった。

　第1は、〈つぶやくくり返し〉による思考の進展である。全体の場でのつぶやきは低学年の特性とも言える。多用するのは一部の子どもであったが、つぶやきが許される教室の自由度があり、素朴な反応として位置付いているという前提がある。話し手は聞き手が自分の言葉をくり返すことにより発言を吟味し、思考が進んで発言が変化していた。意味をふくみ込む

第4章　授業に埋め込まれた対話的コミュニケーション　157

言葉の質が進展していると言えるだろう。

　第2は、〈キーワードのくり返し〉による内側との直接照合である。関連していないように見えるキーワードを関連付けようとくり返しその言葉を使い、ほかのキーワードとのつながりを探っている様子がわかる。発言は文法的な誤りやまとまりのなさが見られ、言いよどみが続く。つながりを感じているものの、うまく言葉にできないもどかしさを抱えながら発言していることがうかがえる。話したいことをまとまりのある言葉に整理してから話すのではなく、矛盾を抱えながらも、内側にある伝えたい内容と直接照合しながら発言していると考察できる。

　第3は、〈言いかえるつなげ〉にみえるすりあわせである。57B28「こらえる」という新しい語を提出した発言を見ると、自分の新たな言葉として提出しているのだが、それはあくまでも先行発言の何かの言いかえとして生まれている。独創的な自分だけが見つけた考えではなく、すりあわせ、考えを合わせた提出である。〈予測〉にみえる「○さんが言いたかったのは〜」という文の構成をとりながら、自分の考えにぴったりな言葉とすりあわせながら進んでいた。

　予測不可能事象への対応の視点からは、あらかじめ考えていたことから思考の質の進展が見られた。

　沈黙と認識の変化の視点からは、自分の内側に向けて言葉を探しながら照合することで、置き換えできない自分の言葉を見つけることができていた。

　以上のことから、先行発話に誘発され自発的に発言される中で、自分に向けられた発言でなくともつながりを探し、自問自答して言葉を言いかえながら発言していることがわかる。沈黙しながらぴったりした言葉を探しながら進む。学級全体の場で能動的な聞き手であるだけでなく、自分自身に向けても能動的な聞き手であると言うことができるだろう。

　また、発言は直感的に《○さんにつなげて》《○さんと似ています》というラベルをつけて生まれている。そこには確かなまとまりのある原稿が用意されているわけではない。しかし、子どもの中に確かに「これ」ある

158

いは「こんな感じ」が既に存在していることがわかる。その「こんな感じ」を言いよどみながら、言葉をかえながら、あるいは聞き手のつぶやきに誘発されながら直接照合し、新たな言葉として提出できる能動的な聞き手の姿があらわれていると言えるだろう。

7　結論

　能動的な聞き手としての学習者の特徴として、質の進展・内側との直接照合・すりあわせの３点が浮き上がった。

　質の進展は、つなげる話し合いによる外側との相互作用により生まれる。一対衆の発言であっても、一対一と同じような〈つぶやくくり返し〉が有効であることがわかる。また予測不可能事象に対応するような状況が生まれたとき、自覚的な質の進展が生まれた。

　内側との直接照合は、つなげる話し合いを成立させるために、個の中で発生する。その場に出されたキーワードを〈言いかえるつなげ〉をすることで、照らし合わせる過程がくり返されることになった。

　すりあわせは、直接照合したことを言語化する際に必要となる。〈言いかえるつなげ〉や〈予測〉の過程ですりあわせがおこり、話し合いの内容の質が進展していた。

　つなげる話し合いは、内側との直接照合をすることによって成立し、直接照合を言語化するためにすりあわせが起こり、その結果生まれた相互作用により質の進展が生まれるのである。

第４節　実践に埋め込まれた教師の対話的コミュニケーション

　本節では、第１節から第３節で分析対象とした教師の信念と授業実践の中での教師の対話的コミュニケーションを分析する。談話分析から、教師の発話を〈感想・学習環境への配慮・グラウンドルールの提示・抽出・明確化要求・多種の意見要求・引用・フォロー〉のカテゴリーの特徴として整理する。さらに、一番多く出現した〈感想〉と特徴付けられた教師の発

話を相互作用分析により検討し、〈情報伝達・情報要求〉等の機能が埋め込まれて生起していることを明らかにする。

1　分析の目的と方法

　教師の言葉は「授業そのものである」と大村 (1983a, p.229) は価値付ける。主体的で対話的な深い学びが求められている現在、対話的な国語科授業での教師の発話はどのようなものか。

　小学校国語科授業の３つの学習形態の一般的な実態から、子どもの姿と教師の役割を整理することを糸口として、教師の発話を考える。３つの学習形態とは、個人がまとめた考えを読みあげて発表し合う「発表会形式」、個人で考えたことをグループで出し合ってまとめてから学級全体で交流する「出し合う形式」、個人がその場で考えたことを「話し合う形式」である。

　書いたものを読み上げる「発表会形式」は、発言が単発的で、子どもの意識は自分自身の発表に向き、発表し終わると当事者意識が薄れやすい。また、書き言葉を読み上げる発表を聞いて理解することは難しい。さらに、一方的な発表の場合、その奥にある「言いたいこと」について吟味する場をもちにくい。発表の言葉の断片を手がかりにして、質問と答えという往復のやりとりが必要になり、教師が言い換えたり、全体への理解を広げたりする役割を担うことになる。

　個人からグループ、グループから学級全体へと「出し合う形式」は、現在最も多く用いられている形態である。出し合った後どうするかで２つの話し合いに分かれる。出し合ったものをまとめていく収束的な話し合いと、多くの意見を出して広げていく拡散的な話し合いである。収束的な話し合いでは、教師はまとめるための基準や条件を設定し、出し合ったものを整理し吟味することになる。しかし、小学校では基準や条件よりも発言者の声の大きさや日常の人間関係によって話し合いが左右されることも少なくない。教師は、グループの話し合いでは出し合う基準や条件を明確に設定し、全体で出し合う話し合いでは、グループでの話し合いのモデルを示す役割を担うことになる。三浦（2004, p.184）は教師の言葉が「音声による

学習材の提示」をし、「子どもの音声表現モデル」となることの重要性を指摘している。

　課題について全体で「話し合う形式」では、話し合いを方向付ける役割が必要となる。教師は、ひとりひとりの考えが拡散するときは分類整理し、それらをつなげて関連性を見出し、課題を解決したり、新たな課題を設定したりする役割を担うことになる。

　これらの子どもの姿と教師の役割から、伝統的な教室に特有の「I（Initiation）はたらきかけ」－「R（Reply）応答」－「E（Evaluation）評価」の発話連鎖とは異なる教師の発話が必要となっていることがわかる。教師は、自らのはたらきかけへの応答を評価する立場から、子どもとはたらきかけ合い、相互に応答していく立場へと移動するのである。では、そのような教室談話を構成していく教師の発話はどのようなものだろうか。

　平野（1994, p.49）は、「学習や生活の主体者が子どもであるならば、原則的には、子どもに指示するということはありえない」とし、「教師の発問は、それが直接、子どもがこたえるべき問いになるのではなく、あくまで子ども自身の良い問いが生まれるための支援として行われるべきもの」とする。つまり、教師の発話は子どもの問いを生むことを支えるという立場をとるのである。この理念をもとに実践を積み重ねている藤田（2013）は、子どもたちの感想として「自分たちで授業を作っていく実感がある。」「いつも仲間の意見とつなげて考えている。」「自分の意見からつなげてもらうと、自分のけったボールがゴールに決まる感じだ。」「友だちの言葉は大人の言葉より心に入ってくる。」（p.75）などを紹介したうえで、このような授業を「子どもと教師が共に創りあげる授業」（p.74）と名付けている。これは、はたらきかけ合い、相互に応答していくことが求められている現在の国語科の教師の発話の課題と重なるものである。

　そこで、「はじめに子どもありき」の理念に根ざした国語科授業を実践している教師の発話の特徴を明らかにすることを本節の目的とする。その際に本節では、子どもと相互に応答していく教師の発話の特徴を見るために、談話分析及び発話機能分析に着目する。先行研究から方法を選定し、

授業実践を分析することにより、授業における発話の意味と機能を明らか
にすることを目指す。

1.1　談話分析

　国語科の教師の発話研究は、発問研究での蓄積が大きい。井上（2005）は、
「指名・確認・説明・補足・整理などの発言」と「発問」に分け、発問を
以下の４つに細分化している。「語句の事実についての知識を尋ねる発問」
「テキストに表現されている内容の解釈についての発問」「推論・予測など
『行間を読む』発問」「評価・批判・鑑賞についての発問」（p.63）である。
若手教員に向けた発問の入門書に木下（2009）などがあり、国語科教育では、
教師の発問が重要とされてきた。

　岸・野嶋（2006）は、小学校１年から６年生までの国語科54の授業から
教師の発話を８つのパターンに分類している。「説明・発問・指示／確認・
復唱・感情受容・応答・注意・雑談」（p.325）である。井上（2005）の「発
言」を、岸ら（2006）は細分化しているが、教師の問いを「発問」として
大きくとらえている点は共通している。

　発問と限定せず、教師の発話全体をとらえた山元（2016、p.353）は、１
学年の話し合いで、教師の即興的判断による指導行為を「直接説明・直
接指示・話し手発言の師範・聞き手の思考師範・言葉による暗示的方向付
け・身体サインによる暗示・音声サインによる暗示・リボイス」の８つに
整理した。また、子どもの発達から教師の発話をとらえた研究として、低
学年の国語科実践をもとに具体的な事例からの提言が示唆に富む。河野
（2009, p.164）は、入門期に焦点をあて、教師と子どもの一問一答式のコミュ
ニケーションから、「教師が子どもの発言を受け入れ、問い直すという対
話的な応答」や、子どもの「発話を整理し、つながりを見出そうとする教
師の発話の誘いの連続」によって発話の連鎖が生成されるようになること
を明らかにした。山元・稲田（2014, p.161）は、低学年のコミュニケーショ
ン能力の育成のための指導例として、「今、○○さんの言ったことはつま
りどういうこと？代わりに言ってあげて」という教師の発話により、核心

をつかむ気持ちで聞く経験を積ませることや、「今、○○くんは違う意見がありますって言ったね。△△さんは似ていますって言ったね。どっちを先に聞いた方がいい？」という教師の発話により、聞いて、場から判断する経験を積ませることを提案している。これらの研究は、入門期、及び低学年に国語科授業に向かう素地を育むための教師の発話の具体的な提示である。

Cazden（2001）は、PalincsarとBrownの互恵的教授（Reciprocal Teaching）の実践として「質問・明確化・要約・予測」（p.67）を教師が行うことで、子どもたち同士の話し合いでも同じような発言が見られるようになる効果から、それらが足場かけ（scaffolding）の役割を果たしていることを指摘している。丸野・松尾（2008）は、2年生国語科の説明文の読みの実践記録から、注目すべき学び合いの姿を発話のつながりから示し、その場面にあらわれた教師の言葉の機能や意味を以下の6つに整理している。「『「考え方」の違いについて考えることを子どもに要求』『子どもの反応を受けてはたらきかけを修正』『他の子どもの発言を検討するように促す』『リボイシングによる明確化』『他の考えを求める』『他者の視点に立って理由を考えることを促す』」（p.84）である。大きな枠組みでとらえると「要求・明確化・修正・促し」となり、Cazdenの指摘とも重なるものである。

水津・足立・水谷（2013）は、熟練教師の授業談話を小学2年生の国語科と算数科で比較し、2年生の説明文「たんぽぽのちえ」の国語科授業の教師の発話を「感想・共感的示唆・グラウンドルールの提示・引用・抽出・復唱・フォロー・明確化要求・多種の意見要求・学習環境への配慮・受容」の11に特徴付けた（p.236）。さらに、熟練教師の共通した特徴は「学習環境への配慮・グラウンドルールの提示・明確化要求・フォロー」の4つであった（p.237）。

以上の談話分析の先行研究の整理から、談話分析の方法として、最も包括的で詳細な水津ら（2013）の11のパターンを援用することとする。包括的で詳細とするのは、まず、井上（2005）や岸ら（2006）の「発問」を細分化していること、次に、河野（2009）の「教師が子どもの発言を受け入れ、

問い直すという対話的な応答」では「受容」「感想」「引用」「抽出」「復唱」のように具体化できること、さらに、Cazden（2001）の「質問・明確化・要約・予測」と、丸野ら（2008）の「要求・明確化・修正・促し」の内容を含みこんでいることからである。このように水津らの分析方法を用いることにより、「はじめに子どもありき」の理念に根ざした授業での教師の発話の特徴が明らかにできると考える。

　また、発話は多面性をもつ複合的な存在だとする熊谷（1997）の方法、すなわち「会話を構成する個々の発話がもつはたらきかけの内容、すなわち機能を多面的に考察し、その機能分析の結果をもとに、発話の連なりとして会話を再構成し、分析する方法」（p.21）を用いることで、発話を多面的に、特徴の束としてみることとする。

1.2　研究対象

　「はじめに子どもありき」の理念に根ざした国語科授業を継続的に実践してきた鳩田先生の授業記録を研究対象とする。本時は12時間扱いの8時間目である。授業場面のビデオ記録を文字化し、発話は通し番号をふった。全体で105、教師の発話が49、子どもの発話が56であった。以下、発話の引用文は「教師あるいは子ども・通し番号・：・発話内容」として示す。

1.3　分析方法

　分析方法は、談話分析・発話機能分析の2つを用いる。

　まず、水津ら（2013）の11のパターンを用いて教師の発話の談話分析を行い、「はじめに子どもありき」の理念に根ざした教師の発話の特徴を明らかにする。さらに、水津らは熟練教師と学生の教室談話を分類して比較すると同時に、同じ学級で算数科教師Aと国語科教師Bの2人の熟練教師の教科実践を比較している。ここで注目するのは、教科が異なっていても熟練教師A・Bに共通し、学生には見られない特徴が明らかになったことである。その特徴は「グラウンドルールの提示・明確化要求・学習環境への配慮・フォロー」の4つである。熟練教師としての教科を超えた発話の

共通点として、「はじめに子どもありき」の理念に根ざした授業の教師の発話の一般性と独自性にも着目する。

　次に、熊谷（1997）の発話機能から、はたらきかけのやりとりの束として特徴を分析する。その際、まず全体発話の意味連鎖を整理する。なぜなら、発話機能分析では発話の連なりとして会話を再構成し分析するため、同じ発話でも前後の発話によって機能が異なるからである。意味連鎖を整理することで、発話機能の特徴が明確になると考える。次に教師の発話を12の項目に沿って分類し、特に特徴の見られる発話機能について分析することとする。

2　分析結果
2.1　談話分析の結果

　〈つなげる話し合い〉の教師の発話49を教室談話の特徴から分析した結果、8つに分類された。「感想・学習環境への配慮・グラウンドルールの提示・抽出・明確化要求・多種の意見要求・引用・フォロー」である。11のパターンのうち、熟練教師の共通した特徴である「学習環境への配慮・グラウンドルールの提示・明確化要求・フォロー」の4つははすべて出現していた。このことから、〈つなげる話し合い〉の教師の発話は、教科を問わず共通する特性をもっていると言える。また、〈つなげる話し合い〉に見られなかった特徴は「共感的示唆・復唱・受容」3つであった。ここから、〈つなげる話し合い〉の教師の発話は、他の熟練教師の発話傾向の一部に特化している傾向があることがわかった。

　出現したパターンの中では、「感想」が一番多く14であった。「感想」の定義は「教師の気付きや受けた感情を子どもに伝える」（水津ら, 2013, p.236）である。教室談話の特徴の出現数の一覧を表69に、教師の発話例を表70に示す。

第4章　授業に埋め込まれた対話的コミュニケーション　165

表69

教室談話の特徴 *AB両者に出現　**Bに出現	つなげる話合いに出現した数
感想*	14
学習環境への配慮**	8
グラウンド・ルールの提示**	8
抽出*	7
明確化要求**	6
多種の意見要求*	4
引用*	1
フォロー**	1

表70

教室談話の特徴	教師の発話例
感想	53「すごいわ、あなたたち、大人より。1回目のお花と2回目のお花とは違うのね。わたし、これはすごいことだと思うよ。コウさんの意見。」
学習環境への配慮	57「全員見て、黒板見て。」
グラウンド・ルールの提示	7「じゃあちょっと、まわりの人と相談してみましょう。」
抽出	51「何？2回目は「うん」って言いたかったの？うん、お花。」
明確化要求	66「同じことしたいってあるけど。ヒロさん、もう少し言ってみて。妹さんいるじゃない、わかる？」
多種の意見要求	35「まとめられるかな、今の発言。コウさんの意見、まとめられないな、だれか？」
引用	71「同じことしたがる。」
フォロー	47「よく重ねたね。よくね。このお花は種類が違うよって言ってくれたんだよね。私、うまくまとめられないけど、受け止めた。しっかり。」

2.2　発話機能分析の結果

（1）　意味連鎖からの整理

　教師の発話と子どもの発話との意味のつながりと、その発話が向かう方向を時系列で整理する。〈つなげる話し合い〉は発話14〜87まで続き、教

師の発話が35、子どもの発話が39、全体で74であった。発話の連鎖を図1に示した。

　授業の導入では、子どもから出された3つの問いを確認した。『どうして、すみれちゃんとかりんちゃんは、コスモスの花が好きなのかな？（1.2.3班)』、『かりんちゃんが2回も「お花」と言ったのはなぜ？（5班)』、『どうしてかりんちゃんは、お勉強をしたのかな？（4班)』である。輪番で務める司会グループの子どもが読み上げ、全体に確認した。

　〈つなげる話し合い〉の前半は、『かりんちゃんが、2回も「お花」と言ったのはなぜ？』についての子どもの発言が続く。ここでの教師の発話は、板書をするために抽出する言葉を発言者に短く確認するものである。「コスモスとお花」「わかってほしい」「一生懸命育てた」「答えた」を子どもの発話から抽出してキーワードとした。子どもが発言の根拠として、教科書の頁を挙げたことを受け、「教師29：いいね。みんな56頁開いて。」と該当頁を開くように全体に要求した。〈つなげる話し合い〉に入ってから、これが初めての全体に向かう教師の発話であった。その直後に「子ども32：お花って答えたと思う。」の発言を受け、「教師33：答えた。」と短く確認し、「子ども34：1回目は『お花なの』っていって、これは『お花なの』って聞かれて、『うん、お花』って。」の発言の後、しばらく時間をとって「教師35：まとめられるかな。今の発言。コウさんの意見。まとめられないな。誰か？」と自問自答するように発言を促す全体への発話があった。この教師の言葉に答えるように複数の挙手があり「教師37：すごいね、ちゃんと受け止められた。」と挙手した子どもに向けて伝えた。挙手したうちの2人が自分の言葉に言い換えて発言をした。その後で沈黙が起こった。教師は『どうしてかりんちゃんはお勉強したのかな』という別の課題を指し示しながら、「教師44：コウさんのことでもいいよ。少しこちら（の課題）に移ってもいいよ。」と話題転換の可能性を全体に示唆する。その直後に、「教師45：ヒロさん、いけるよ。次ヒロさん用意して。」と、挙手していないヒロの名前を挙げて発言をうながした。しかし、ここではヒロは発言しなかった。子どもの発言が続き、板書されているキーワードを手がかりに

第4章　授業に埋め込まれた対話的コミュニケーション　167

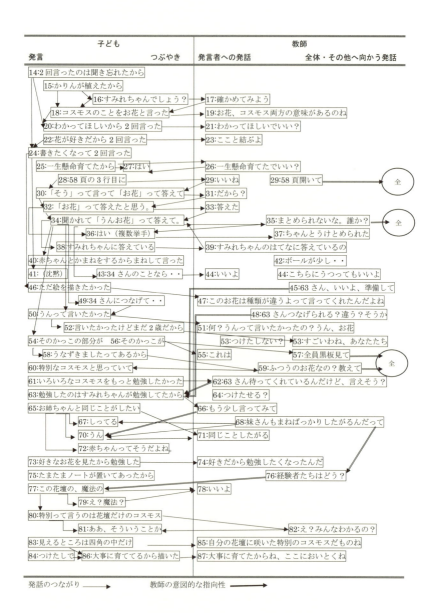

図1 「つなげる話し合い」の発話の連鎖図

した子どもの発言を受けて、「教師57：全員見て、黒板見て。コウさんと黒板見て。」と全員に黒板を見ることを求め、「教師59：うなずきました。ここね。この花、ふつうのお花なの？教えて。」と全員に向けての情報要求を初めてした。その直後に、「子ども61：いろいろなコスモスのことを知らなかったから、それをもっとお勉強したかったのかなって思って、コスモスの花をかいたことを勉強って言っちゃったんじゃないかなって思う。」という発言があった。これは『どうしてかりんちゃんはお勉強したのかな』というもうひとつの課題につながる内容であった。そこで「教師62：こっちがわにいきそうだね。」と再度ヒロに向かって発言をうながした。ヒロが「子ども63：かりんちゃんがお勉強をしたのは、すみれちゃんが勉強しようとしてたから。」と発言した後、教師は「教師66：同じことしたいってあるけど。ヒロさん、もう少し言ってみて。妹さんいるじゃない、わかる？」と、ヒロに日常生活に関連付けた発言を求めた。さらに「教師76：おお、新しい考え。経験者たちはどう？」と、妹や弟がいる他の子どもに向けて発言を求めた。その結果、子どもから「魔法のコスモス」「花壇だけのコスモス」「四角の中だけのコスモス」「大事に育てたコスモス」という言葉が続いた。

（2）発話機能分析結果

　発話機能の5つの観点に特徴が見られた。特徴例は表71に示し、ア～タの通し番号を付けた。分析結果は、【　】に観点、〈　〉に特徴を並列して表記し、それらをまとめて複数の特徴の束として示す。

　〈つなげる話し合い〉に入る前の全体指導では【行為的機能・相手へのはたらきかけの姿勢・発話の受け手の種類】の特徴の束が〈イ：行為要求・カ：教示・セ：不特定多数の聞き手〉であった。つまり、全体に向けて指示をしたり説明したり、活動を促す発話である。〈つなげる話し合い〉に入るとこれらの特徴は見られなくなった。以下に、〈つなげる話し合い〉の発話機能の特徴と教師の発話を対応させて述べる。

　【行為的機能・相手へのはたらきかけの姿勢】が〈ア：情報要求・キ：

表71 発話機能の特徴

発話機能	観点	特　徴
発話内容・発話姿勢	行為的機能	（ア）情報要求　（イ）行為要求　（ウ）陳述表出（エ）注目表示
	相手への働きかけの姿勢	（オ）操作的　（カ）教示伝達的　（キ）教示要求的（ク）共感的　（ケ）評価表明的
	同調性	（コ）同調的　（サ）保留
話し手と相手・及び両者の関係	発話の受け手の種類	（シ）マトモの聞き手　（ス）マトモおよびワキの聞き手（セ）不特定多数の聞き手
会話の流れの構成	発話のうけわたし	（ソ）マトモの応答　（タ）横わたし

教示要求的〉は３つあり、授業の流れを変えるはたらきが見られた。例えば、「教師44：コウさんのことでもいいよ。少しこちら（の課題）に移ってもいいよ。」と話題転換の可能性を全体に示唆する発話などである。

【行為的機能・相手へのはたらきかけの姿勢】が〈イ：行為要求・オ：操作的〉は４つあり、【発話の受け手の種類】〈セ：不特定多数の聞き手〉を伴い、学級全体へ行動を促すはたらきが見られた。例えば、「教師57：全員見て、黒板見て。コウさんと黒板見て。」と全員に黒板を見ることを求めている部分などである。このように、教師から子どもへ要求を持ち、操作的に行われる発話が４つしか出現していないことは特徴的である。

【行為的機能・相手へのはたらきかけの姿勢】が〈エ：注目表示・ク：共感的〉は９つあり、子どもの発言の抽出や確認が見られた。【発話の受け手の種類】が〈シ：マトモの聞き手・ス：マトモおよびワキの聞き手・セ：不特定多数の聞き手〉のどれと組み合わされるかによって、発言者本人のみに向かう場合と、本人に向かう文のかたちをとりながら全体に聞かせる意図がある場合と、全体に向けて確認する場合とに分かれた。例えば、発言者本人のみに向かう場合は「教師33：答えた。」と短く確認している。本人に向かう文の形をとりながら全体に聞かせる意図がある場合は、「教師78：いいよいいよ、すてきよ。」のように、直前の発言者に対して共感

する形をとりながら、共感を全体に聞かせ、伝えようとする意図が見られる。全体に向けて確認する場合は、「教師87：大事なコスモスね。いいよ、今コウさんとユリさんが言ったのは、自分の家の花壇に咲いた特別のコスモスだものね。助けてね。」である。発言をつないで助けてほしいことを共感と共に全体へと伝えている。

【同調性】は、〈コ：同調的〉の特徴をもつ発話がほとんどであり〈サ：保留〉は少なかった。〈サ：保留〉の発話の中で「教師35：まとめられるかな。今の発言。コウさんの意見。まとめられないな。誰か？」が他の発話と異なる特徴をもっていた。この発話は【行為的機能・相手へのはたらきかけの姿勢】は、〈ア：情報要求・オ：操作的〉の特徴を示し、自問自答するようでありながら、発言を促す全体への発話として機能していた。

【発話のうけわたし】では、ほとんどの発話が〈ソ：マトモの応答〉であったが、〈タ：横わたし〉の発話が４つ見られた。その４つは、【同調性】が〈サ：保留〉の特徴も示した。「教師45：ヒロさん、いけるよ。次、ヒロさん用意して。」「教師48：ヒロさん、つながる？違う？そうか。」「教師62：ヒロさん、待ってくれているんだけど、言えそう？」「教師66：同じことしたいってあるけど。ヒロさん、もう少し言ってみて。妹さんいるじゃない。わかる？」である。これらはすべて、直前の発話とのつながりをいったん遮っている。ヒロへの４度にわたる促しから、ヒロへの志向性を教師が強く持っていることがわかる。

以上のことから、３点の特徴が明らかになった。第１に、発話機能分析からは、《発話内容・発話姿勢》では【行為的機能・相手へのはたらきかけの姿勢】の組み合わせに独自性が見られたことである。第２に、《話し手と相手・及び両者の関係》の【発話の受け手の種類】によって、話し手である教師と、聞き手である子どもとの関係の変化が見られたことである。第３に、【発話のうけわたし】が〈タ：横わたし〉及び【同調性】が〈サ：保留〉を見せるところで、〈つなげる話し合い〉の流れが変化し、教師の意図や志向性が見られたことである。

第４章　授業に埋め込まれた対話的コミュニケーション　171

3 考察

　教室談話の比較分析の結果、〈つなげる話し合い〉に出現した特徴は、熟練した教師の発話の特徴と共通する部分が多く一般性が見出された。一方で、「共感的示唆・復唱・受容」という特徴が〈つなげる話し合い〉では出現しなかったのはなぜか。「共感的示唆・復唱・受容」の特徴は、教師が反応している姿を第三者（あるいは学級全体）に見せることによって効果が生まれる性質がある。それは一対衆の位置をとる教師の言葉として機能する特徴と言いかえることができる。しかし、〈つなげる話し合い〉では、基本的に子ども同士が発話をつなげていくため、教師が全体に向かう位置をとることが数えるほどしかなかった。そのため、これらの特徴が現れなかったと考察できる。〈つなげる話し合い〉の独自性がここに見られる。

　次に、教室談話の比較分析結果から多く出現した「感想」の教師の発話を、発話機能分析と重ね合わせる。「感想」の定義は「教師の気付きや受けた感情を子どもに伝える」である。〈つなげる話し合い〉では、子どもの発言の後に反応するようにして教師の発話は生まれている。授業の中で、子どもたちがさかんにあいづちを打ったりつぶやいたりする姿が見られるが、その姿と重なるものである。〈つなげる話し合い〉は、子どもたちがつなげる発話に教師が寄り添い支える立ち位置にいることがわかる。

　「感想」と特徴付けられた教師の発話14のうち、〈つなげる話し合い〉の部分の9を取り出し、ことばのはたらきかけのやりとりの束として見る発話機能の分析と重ね合わせる。発話機能の分析結果から、教師の発話を【行為的機能・相手へのはたらきかけの姿勢・同調性】のそれぞれの特徴ごとに整理した結果、以下のA〜Eの5つの組み合わせとなった。

A 〈エ：注目表示・ク：共感的・コ：同調的〉

　この特徴をもつ発話は3つ見られた。「教師37：すごいね、ちゃんとうけとめられた」「教師74：そうかそうか、好きだからお勉強したくなったんだ」「教師78：いいよ、いいよ、すてきよ。」である。教師が子どもの発

話に対して共感していることを素朴に表現することばのはたらきかけが見られた。

B 〈ウ：陳述表出・カ：教示伝達的・コ：同調的〉
　この特徴をもつ発話は3つ見られた。「教師23：ここと結ぶよ」「教師55：ごめん、わたしこれは（板書の「うん」は）教科書にないことよ」「教師68：アンちゃんもね、ヒロさんのまねばっかりしたがるんだって。」である。子どもの発話を受け、そこから教師が得た気付きや情報を伝えていることばのはたらきかけが見られた。

C 〈ウ：陳述表出・オ：操作的・サ：保留〉
　この特徴をもつ発話は1つ見られた。「教師42：ボールが少し……」である。沈黙に対しての注目表示を示しながら共感を保留し、暗黙に発言をうながそうとしている。感想のつぶやきのような形をとりながら、教師が「ボール（発言）をつなげてほしい」という願いをもっていることを伝える意図が見られた。

D 〈ア：情報要求・キ：教示要求的・コ：同調的〉
　この特徴をもつ発話は1つ見られた。「教師82：え？みんなわかるの？その花壇だけのコスモス。」である。「子ども80：特別っていうのは、花壇の中だけのコスモスと思っていた。」という発言に対して、数名の子どもが「ああ、そういうこと」とつぶやいたことをとらえ、驚きを伝え疑問文のかたちを取りながら、どう理解したのかを知りたいという教師の思いを表明し、言外に情報を要求している。

E 〈ウ：陳述表出・ケ：評価表明的・コ：同調的〉
　この特徴をもつ発話は1つ見られた。「教師53：すごいわ、あなたたち、大人より。1回目のお花と2回目のお花と違うのね。今のコウさんのことに付けたしない？わたし、これはすごいことだと思うよ。コウさんの意見。」

第4章　授業に埋め込まれた対話的コミュニケーション　173

である。強い評価の表明であり、〈ケ：評価表明的〉の発話は全体の中でここのみに見られた。

　「感想」の発話機能を整理した上記の5つから、教師の発話は素朴な感想を伝えることにとどまらない〈つなげる話し合い〉の「感想」の姿が見えてきた。素朴な思いや気付きを伝えるかたちをとり、明示的には情報を要求したり情報を伝達したりしない。しかし実は同じようなはたらきかけを生み出しているのである。つまり、情報を伝達することや要求することを、教師は学級の中の一人として「感想」をつぶやきながら暗黙的に子どもたちへとはたらきかけているのである。

4　結論

　「はじめに子どもありき」の理念に根ざした〈つなげる話し合い〉の教師の発話の「感想」に着目することにより、「感想」としてくくられる教師の発話の多様性が明らかになった。教師が素朴に気付きや思いを教室に提示する言葉は「感想」であるが、「感想」にとどまらない。子どもの言葉への真の驚きや不思議や感心が備わるとき、「感想」でありながら複数の意味を含みこんでいく。「はじめに子どもありき」の理念に基づく教師の発話は、問いであり問いでなく、問いを生みだす「感想」という形をとりながら、教室の中に現れていることがわかった。

　「感想」には「要求」や教師の意図的な方向性が埋め込まれていた。子どもに新たな問いを生む「要求」は、明示的に示されることばかりでなく、深く感心をよせる「感想」のやりとりから立ち上がる。そこに必要なのは教師の問いへの志向性である。教師の発話は教室では全員に向けられていることが前提である。しかし、発言した個人へ、発言した個人と全体へ、発言していない（発言の意思を示していない）個人へ、そして不特定の誰かへ、と宛名が変わることにより、教師の発話の立ち位置が変動する。子どもの発話によって、教師に新たな「感想」が生まれ、それは常に動き続け、予測できない。教師自身も自覚のないまま、自らの発話の向かう方向は瞬

時に変わっていく。子どもの言葉を受け止めた瞬間に、教師は考えるよりも先に感じているからこそ生まれる言葉とも言えるだろう。明示的には教師の意図的な方向性として立ち現れてくる発話は、暗在的には問いへの志向性から生まれているのである。

　〈つなげる話し合い〉の中での教師の発話は、平野 (1994) の言うように「子どもの問いを支える」ものであると同時に、教師自身が自分への「問い」として常に生成されているのである。それは、誰かが発した言葉を問わずにいられないという場が教室に生まれているからこそ可能になる。驚きや不思議を、自己に向けてつぶやき、まわりに向けて問う言葉なのだ。「はじめに子どもありき」に根ざした〈つなげる話し合い〉の中で、教師は子どもの発話を素朴に感じ取り、自己へと志向する問いが生まれ、多様な意味をもつ「感想」の発話として再構成されているのである。

第5章　対話的コミュニケーションが生まれる国語

　本章では、第1章から第4章までを貫く対話的コミュニケーションの視点を〈志向性・身体性・共通了解〉の3点として再検討する。まず、その3つの視点を導き出す現象学から対話的コミュニケーションをとらえる。次に志向性から検討し、実践の中に埋め込まれた対話的コミュニケーションから、沈黙への志向、問いへの志向の重要性を整理する。さらに身体性から検討し、予測不可能事象に向き合う身体についてまとめる。最後に共通了解から検討することにより、対話的コミュニケーションの射程を広げる。

第1節　みえているがだれもみていないものをみえるようにする

　対話的コミュニケーションについて、第1章で特徴を明らかにし、第2章で子どもにその力を育てる授業を提案しその効果を検証した。第3章で対話的コミュニケーションの基盤となる教師の信念に焦点を当て、第4章で教師の信念が投影された授業の中での対話的コミュニケーションの実際を記述し分析をした。方法として多く用いたのが相互作用分析及びTAE質的研究法である。それは、現象としてみえているのだが、言語化しにくく、感じているのだが伝えにくい複雑な現象を言語化するのに適した研究方法だからである。

　鷲田（1997）は、詩人である長田弘の言葉を引いて、「みえてはいるが誰れもみていないものをみえるようにする」（p.8）ことが現象学だと言い換えている。現象学とは、「無心で頭に浮かんだものの中にこそ真実があ

るとする考え方」（小川，2011）である。目の前にあり、知覚される事物への判断を中止し、いったん、かっこに入れるように保留する。そして、知覚されるとはどのようなことかと意識を向ける。そして、ふだんは意識しない経験の構造を分析する方法である。竹田（2004）は、「絶対的な真理」は存在しないが、共通認識や共通了解の成立する領域が必ず存在し、そこでは人間科学が成り立つ可能性があるとしている。そして、共通認識や共通了解から生まれる「相互承認」という現象学の原理が信念対立を克服する可能性を示唆する。そこで本章では、現象学の視点から、対話的コミュニケーションを再定義する。

国語科教育の「話すこと・聞くこと」への現象学の必要性を森（2011）は次のように指摘している。

　　実証主義では捨象されるところの感性や直感といったものが、何より重要視されるはずであり、数値化不可能な要素にこそ、学ぶべきと言える要素が含まれると言える。フッサールの主張する現象学を感性や直感への志向と捉え、そのような理論を背景とした教育思想にもとづく「話すこと・聞くこと」の教育目標や教育方法が構想されるべきである。（p.21）

森は現象学を「感性や直感への志向」と大きくとらえることで、国語科教育との親和性を浮かび上がらせている。特に、即時に対応する「話すこと・聞くこと」でこそ有用な理論であるとの提言である。

現象学から教育をとらえる中田（1997）は、子ども自身が意識を向けていないために言葉になっていないことを言葉にしていくことの重要性と、他者との共通了解について、次のように述べている。

　　教育とは、空の容器に認識作用等々を一方的にそそぎ込むような仕方で子どもたちの心を満たしていくことではなく、すでに様々な内容に満たされているが未だその内容がいかなるものか、その内容はいかに

178

変化するのかが当人にも意識されていない状態にある子どもの心を子ども自身に意識させ、表現にもたらし、豊かな内容へと高めていくことを意味する。（中略）子どもたちが他者との相互了解を介して己の生を拡大し豊かにしていくならば、授業に於いても、教師の諸表現は、単に何らかの認識方法や思考方法を叙述するだけではなく、子どもたちによって了解されることにより、彼らの生を拡大し豊かにするようなものでなければならない。(pp.30-33)

　子ども自身が、意識されていないことを言葉にしていくことの重要性がわかる。さらに、そこに他者との相互了解があることで、子ども自身の生が拡大されていく。それは、子ども同士の関係だけでなく、教師と子どもの関係でも求められるのである。
　言葉にならないものを言葉にすることとは、自分の内側にあり、それまで意識を向けていなかった部分に意識を向けること、そしてそれを他者と了解し合うことである。それは、筆者のとらえる「対話的コミュニケーション」と重なるものである。そこで次節から、対話的コミュニケーションの特徴と現象学の理念を対応させ検討することとする。

第2節　志向性

　第2章では、意見の発表し合いが続いた後の沈黙に着目した。沈黙の時に何を考えているのかに気付くことにより、5つの名前を子どもたちが付した。「なるほど型」「はてな型」「にている型」「そういえば型」「おもいつき型」である。名付けることにより、子どもは自分自身の沈黙を志向することができるようになった。それは、自分への問いが言語化されたことでもある。話し合いでは、話し手以外は沈黙している。話し手に替わるターンテイキングまで、聞き手は沈黙し、次なる話し手としての準備をしている。しかし沈黙が続き居心地の悪さを感じて思考が中断してしまう時は、沈黙への志向はない。沈黙へ志向することによって認識の深化と結び付く

第5章　対話的コミュニケーションが生まれる国語　179

のだ。そこで、「志向性」について整理をすることで、対話的コミュニケーションの沈黙による思考の深化をとらえ直すこととする。

　ギャラガー・ザハヴィ（2011）は、「志向性の構造を丹念に記述することが意識の哲学的探究の不可欠な部分」であるとする。さらに、フッサールの志向性について、知覚される対象がまずあり、そこに注意を向けるという二項対立ではなく、まず両者の関係があり、志向は向けられることによって特徴付けられるという。たとえば、あらかじめ「問題のある子」がいるから注意を向けるのではなく、「問題がある子」だと注意を向けると同時にその子は「問題のある子」として特徴付けられるのだ。

　「志向することによって特徴付けられる」ことについて、西村（2001）は、現象学から看護学研究をとらえることにより深い洞察を描き出した。いわゆる植物状態と呼ばれる患者のケアに携わる看護師は、彼らとの交流を確かなものとして実感している。そのはっきりとは見てとれないが経験の内に埋もれている〈何か〉に、現象学の視点から迫る。西村は、看護師の語りの中に現れる「今思えば」という表現に着目するのである。

　　たとえばAさんは、住田さんの大痙攣に遭遇した経験を語る中で、「今そんな気がした」「その時にはぜんぜんそう思わなかった……」と驚いている。このことからわかるように、語られた経験は過去のその時の経験そのものではなく、「今」を起点にパースペクティブ的にまなざしが向けられ、「今」において捉えなおされた過去なのである。したがって、対話によって語られた経験は、「今」まさに生み出され流出し続けている開かれた経験であり、こうした経験の語りには厚みを帯びた時間を垣間見ることができる。（p.212）

　インタビューデータの表層的な言葉にはあらわれない前意識層における経験を、「今」において捉えなおされ、比喩的にそうとしか表現できない〈身体〉固有の次元におけるいとなみとして言語化している。語られた過去の体験は今を起点にまなざしを向けられる体験である。

語る体験へと向かうまなざしは、今を生み出し続ける。対話的コミュニケーションにおける沈黙は、志向することによって特徴付けられる。過去に向けられるのではなく今を起点にまなざしを向けるのだ。沈黙のあとの発話に、例えば「さっき、こう言ったけど……」「ずっと気になっているんだけど……」などの発話が出現する場合に、それまでの沈黙が、今を起点にまなざしを向けるために必要であったことが導き出せる。今やりとりされている内容と、わずかにずれて生まれている自分のまなざしとをすりあわせ、軌道の微調整をする試みが見える。

第4章第4節では、教師の問いへの志向性の重要性が導き出された。子どもたちが教室で、挙手をして発言すること、数人で話し合うこと、ひとりでつぶやくこと、誰かの言葉の〈あいづち〉や〈くり返し〉、誰かの言葉を引き継ぐ〈つなげ〉や〈予測〉を、教師はどのように聞き、どこへ向かうかが重要なのである。子どもの言葉を受け止めた瞬間に、教師は考えるよりも先に感じる。明示的には教師の意図的な方向性として立ち現れてくる発話は、暗在的には問いへの志向性から生まれているのである。

第3節　身体性

対話的コミュニケーションでは、即応性が重視される。話し合い全体を俯瞰し、思いがけない発言や展開に対応することが求められるからである。「話すこと・聞くこと」の学習で陥りがちな問題として、子どもの失敗を危惧する良心的な教師による、過度の話形提示や書き言葉の読み上げ交流がある。話し合いで予測不可能な問題が起きれば、対応できない子どもはとまどう。話し合いに対する不安を解消するために、熟達した教師ほどていねいな対応を考える。全員への即時的な指導が難しいために、事前の準備を手厚くする。しかし、その結果、固く重たい予定調和の「話すこと・聞くこと」の学習が生まれてしまう。そこで、重視するべき視点は身体である。「身体性」について整理をすることで、対話的コミュニケーションの予測不可能事象への対応をとらえ直すこととする。

第3章第3節の古河先生、第4章の鳩田先生の教師の信念は、身体に深く埋め込まれ実践にその様相を現していた。また熟達教師である鳩田先生は、自分自身の身体のずれに注意深くあり続けていた。その結果、教師の素朴な感想は、感想にとどまらず、問いになり、願いになり、時には要求となって教室に生起した。教師がどう話すかではなく、教師がその場の自分の身体にどう向き合うかということを示すことにより、子どもたちも、ワークシートに事前に準備してきた考えを離れ、即応的にその場に出された他者の意見と自分の意見とをつなぐことが可能になったのである。

　そして、参与観察者である筆者も、教室に身を置きながら、同じようにずれを感じていた。それは、「この学級で自分も共に学ぶ気持ちの動きや高揚」という物としての身体感覚と、「この学級で起こっていることを他者に伝える言葉とは何か」という主体としての身体感覚である。その結果、授業記録やインタビューデータから感じられるずれを保ちながら分析していくことが不可欠であった。

　生田（2011）は、伝えることの不可能性を認めながら、投げかけ突きつけるパラドクシカルな思いを背景にした「わざ言語」があるとしている。「わざ言語」は〈含意〉されたものを「そうとしか言えない」言葉で伝えていく。それは新たな「学び」観や、新たな「教育」観を導入する一つの分析視座であると述べている。身体で表現するわざを「わざ言語」として伝えるには、その身体感覚を保ち続けることが重要である。

　予測できないことが起こったとき、反応するは身体である。高尾（2012）は、メルロ＝ポンティの身体の思想から、主体としてのからだと、物としてのからだとが、ずれたり統合したりを繰り返すことが創造性の源泉であるとして、インプロビゼーションでの身体論と結び付けて論じている。

　　主体としてのからだ、物としてのからだですが、これは固定されているものではありません。それぞれ変わっていくものです。そして、その変わっていく過程で、主体としてのからだと物としてのからだは、ときに、ずれることがあります。（中略）ずれたり、統合したりを繰

182

り返すことで、主体としてのからだ、物としてのからだは変化し続け
ています。これがあるからこそ、からだは、そして自分は固まらずに
いられるわけです。そして、このずれがリフレクションやコミュニケー
ション、創造の源泉であると私は考えています。(pp.28-29)

　話し合いで予測不可能なできごとが起こったとき、驚き、戸惑い、不安、
恐れ、などを、物としてのからだが感じ反応する。一方、主体としてのか
らだは話し合いを進めようとする。このずれに気付くことこそ重要なので
ある。インプロビゼーションは、物としてのからだをメディアにして表現
するものであるため、主体としてのからだがコントロールできなかったも
のがそこに現れてくる。主体が物を動かすだけでなく、物が主体を動かす
ことができることを、高尾はメルロ＝ポンティの「可逆性を持ったからだ」
であると指摘している（p.35）。予測不可能事象に対応するためには、から
だへの気付きをうながすインプロビゼーションの中での話し合いの重要性
が示唆されているのである。
　第４章第２節の鳩田先生の教師の信念の授業実践への投影の様相Ⅱで
は、筆者が参与観察者として記録しているときに、気がかりであった授業
場面についてインタビューをした。それは、ひっかかりが筆者にあったか
らである。授業場面に意味を感じたのは、教師である筆者自身の身体だっ
たのである。
　村川（2012）は、経験の理解に結び付く記述のためには「個々の〈身体〉
に備わった感覚において浮上する〈存在〉に備わる「本能的能力」に信頼
を置」くことの重要性を指摘する。鳩田先生自身は特に意識していないよ
うに見える実践の様相の中に、言葉にならないが身体で感じられた意味が
すでに存在していたことと分析者の身体感覚が重なることが質的研究であ
る本研究に生かされたと言えるだろう。
　現在若手教師増加の学校状況から、熟達した教師の負担は想像以上に大
きいと推察される。自身の授業実践をふり返ることよりも優先しなければ
ならないことが多く、同年代の同僚も少ない。参与観察者としての研究者

第５章　対話的コミュニケーションが生まれる国語　183

と一緒に実践の様相をふり返り、教師の信念を言語化することは、新しい形の「同僚性」とも言えるのではないだろうか。

第4節　共通了解

　第2章及び第4章第3節でも明らかになった対話的コミュニケーションの特徴の一つである協働の発話は、子どもの「話がはずんだ」「もっと聞きたい話したい」という実感を伴う。発話には、〈あいづち・くりかえし・つなげ・予測〉が多く出現する。〈あいづち・くり返し〉は、先行する発話のことばについて確認や、もう一度言うことを求める場合に用いられる。そこでは、聞き手の能動性が重要であった。相手の発話からの〈つなげ〉が起こり、言い換え、引き取り、相手の言いたいことを〈予測〉しながら、一緒に発話を創りあげていく。言うなれば、他者の声と自分の声を重ね合わせる姿である。

　6年生の国語科教科書「ひろがる言葉　小学国語」（平成27年版教育出版）「ぼくの世界、君の世界」は、哲学者である西が小学生に向けて、哲学的考え方をわかりやすく解説した文章である。以下に概要を示す。

　　「ぼくの世界、君の世界」
　　幼い頃、電球を見て「自分に見えているものは、あくまでも自分にそう見えているだけなのだ。他の人にも同じように見えている保証はどこにもない。」（p.39）という思いがわいてきた。このような体験は筆者ひとりだけのものかというと、そうではなく、多くの哲学者によって議論されてきた問題であった。例えば、あまみや痛みのような感覚はほかの人と共通しているのだろうか。あまみや痛みのような感覚が、同じという保証はない。では、私たちは理解し合えないのだろうか。私たちは、完全に理解し合うことはできないが、だからこそ言葉で伝え合う努力をするのだ。（概要　筆者まとめ）

「自分に見えているものは、あくまでも自分にそう見えているだけなのだ。他の人にも同じように見えている保証はどこにもない」と小学生の時にふと思ったというエピソードは、読み手に語りかける。自分が感じていることと、他者が感じていることの違いを知ることから、「一人きりの自分」を知ることができ、「心を伝え合うための努力を始めるのだ」と。

　西（2004）は、「表現し理解し合う関係」の延長したところに文学や表現のゲーム（本を読んで考えて文章を書いたり、そのことをめぐって議論しあったりすること）があるとする。そして、もっとも大切なこととして、「自分の中に動いているものを表現してよいということの体感」、「書くことは自分自身とのキャッチボールでありかつ他者とのキャッチボールでもあるということの体感」、「読むこともやはり他人から投げられたボールを受け取ることなのだという体感」の３つを挙げている。

　ここで注目したいのは「自分の中に動いているものを表現してよいということの体験」である。動いているものを見つけるために、まず深く自分自身と対話することが必要となる。「自分の感触」にぴったりするかどうかを、自身に問うのである。これを西は「自分自身とのキャッチボール」と比喩的に表現し「自己了解のおもしろさ」とまとめている。問うことにより、なんとなくわかっていたことがくっきりと了解される段階へと移行していくというのである。感触として得ていた了解が、言葉として現れるとき、その了解が自分自身への発見であり驚きであり、おもしろさにもなるのである。一方で他者にも伝わる言葉にするために、自分自身の中に他者でもある部分をもち、たえず批評し感じ確かめることの重要性を指摘している。実際に外側にいる他者に伝わる言葉を考えるとき、自分の内なる他者と対話することが求められる。表現し理解し合う関係が、個人の中で推進されているのである。

　また、西（2015）は、「人間科学は、他者のあり方の了解と、自分自身のあり方の了解（以下、他者了解と自己了解）を育んでいくことに寄与しなくてはならない」と同時に「これを育んでいくプロセスそのものでなくてはならない」とした上で、人間科学における現象学を次の２点で説明して

いる。

①支援される人や支援する人の『体験』について、それを自然科学や社会学のように外側から説明するのではなく、当事者がそれをどのように体験しているのかを内側から考察しようとする姿勢
②その体験から、ある種の「一般性」をもったもの——構造とか本質と呼ばれる——を取り出そうとする姿勢（p.121）

　西の「内側から考察する」とは、いったん判断を停止し、ふだんは意識しない体験の構造へと意識を向けることである。ある種の「一般性」をもったものを取り出すには、他者了解と自己了解が必要になる。それは、同時に「取り出そうとする」プロセスが「他者了解と自己了解」を育んでいくことになるというのである。そして確かに自分にも思いあたるものが生まれ、"ピンとこない"状態から"腑に落ちる"状態へと移行するともいう。「ピン」も「腑」も感覚的である。他の言葉に言い換えにくいが、身体が納得するかどうかを表す言葉としての実感を伴う。他者了解と自己了解が同時に起こることは、あることを自他で共有しえたという感触という質感として感じられるものである。
　哲学対話を学校教育に取り入れることを推進している河野（2014）は、子どもの思考力と対話する力を育てる方法として「こども哲学」を提案している。

対話とは、相手の意見によって思考が触発されることであり、一緒に同じ問題を探究し、いわば議論という冒険にみんなで出かけるということです。相手がどういう理由で自分と異なった意見を持つのか、その意見はどういう経験に裏打ちされているのか、自分の意見と他人の意見がどういう点で同じで、どういう点で異なり、どういう関係にあるのか、こうしたことを理解しようとしなければ、対話とは言えません。以上のように、自分の個性を押し出すことができること、したがっ

て、自己表現できること、だが同時に、他の人達と協同して同じテーマの探求に取り組み、一緒に真理を求める旅に出ること。自己表現と共同作業が同時にできること。これが対話の面白い理由です。(p.41)

　河野が述べる哲学対話は、「自己表現と共同作業」が対となっている点において国語科教育の学習過程と重なるものである。「読むこと」の学習では、例えば作品についてのそれぞれの意見を関係付け、相違点を見付け、具体的な経験と比較しながら整理して理解する。「書くこと」の学習では、例えば書いた文章を相互批正することで、思考が触発され新たな表現へと向かう。国語科教材が哲学対話の素材として有効であると同時に、哲学対話が国語科教育の「自己表現と共同作業」の学習において機能することが示唆されている。
　ここで、「対話的コミュニケーション」を定義した第1章をふり返る。藤森（2000）の対話的コミュニケーションの第3特性とは以下であった。

　　第3特性：このコミュニケーションは、基本的に偶有性の原理にそくした創発的な言語行為であり、主体が発する言葉はもとよりコミュニケーションの文脈やシステムも、行為のただ中に実存し行為のただ中で実現される（引用文献略）。この状況に麻痺することなくコミュニケーションの展開を可能とする背後には、主体間の視座転換による「自／他」を結ぶ超越的レベルの合意、つまり異質で対立的な関係に位置するものが、その差異性を超えて共有すべきコミュニケーションへの合意がある。人間形成に資するコミュニケーションにとって、この合意が最も重視すべき対話機能と考える。この合意によって、「他者」が自己を「自己」たらしめる存在として了解され、社会的存在としての「自己」が社会的に成長するのである。

　「他者」が自己を「自己」たらしめる存在として了解されるとは、差異性を超えて共有すべきコミュニケーションである。筆者のめざす対話的コ

ミュニケーションは、まずは教室の中の、協働の発話の構築から始まったが、射程が広がることにより共通了解としての第3特性への手がかりが見えてきた。

　対話的コミュニケーションにおける協働の発話で多く出現する〈あいづち・くりかえし・つなげ・予測〉の言葉は、相手に向かうと同時に、自分自身にも向かうからである。聞き手の能動性は、絶えず自分自身の感触を問い、ぴったりする感じか、そうでないかを探り続ける。時には、聞き手側から話を〈つなげ〉、一緒に語り、〈予測〉して「つまり、こんな感じかな」と続ける。共通了解へ向かうために、話し手と聞き手とが協働でつくりあげていくのである。メルロ＝ポンティ（1974）は、「対話の経験においては、他者と私とのあいだに共通の地盤が構成され、私の考えと他者の考えとがただ一つの同じ織物を織り上げる」という。対話的コミュニケーションが生まれる教室は、まさに同じ織物を織り上げる教室である。

第5節　まとめ

　現象学の視点で対話的コミュニケーションを見ることから、みえてはいるがだれもみていないものをみえるようにすることを試みた。

　本章第2節では、沈黙と志向性の関係を述べた。今を起点に体験へとまなざしを向けるとき、言いよどみが生まれる。ここで重要なのが意味感覚（フェルトセンス）である。まなざしをむけることにより意味感覚から少しずつ言葉が生成される。志向性をとらえることにより、対話的コミュニケーションの動的な思考への可能性が示唆された。

　本章第3節では、身体性と予測不可能事象への対応の関係について述べた。第2章で、予測不可能事象へ対応するための対話的コミュニケーションは、話し合い全体を見通すメタ認知と、受容的・呼応的かかわりから認知葛藤的かかわりへと進むことの必要性を論じた。しかし身体性からとらえ直すと、「話し合いを進めよう」とする主体としての身体性を重視することは、物としての身体性を脆弱化させるという新たな視点を得た。予測

不可能事象へと即応するには、物としての身体性を感じることができる体験が不可欠である。これは、今後、インプロビゼーションや演劇を国語科教育に取り入れる可能性を示唆すると考える。

本章第4節では、聞き手の能動性と共通了解との関係を述べた。内的に動いたささやかでわずかな、しかし確かなものをみようとすることは難しい。だからこそ聞き手の能動性は、絶えず自分自身の感触を問い、ぴったりする感じか、そうでないかを探り続けることに向かう。それはジェンドリンのいう意味感覚（フェルトセンス）と同義である。聞き手は、話し手の言葉から受け取った意味感覚を照合することで、共通了解へと向かうことができるのだ。

第4章第3節では、子どもの聞き手としての能動性は、「つぶやくくり返し」「キーワードのくり返し」「言いかえるつなげ」「予測」として現れていた。第4章第4節では、教師の聞き手としての能動性は、談話分析カテゴリーの「感想」の発話に現れていた。子どもの発言を受けた「感想」の形をとりながら、教師は情報を要求し、情報を伝達していた。ここに、子どものモデルとしての教師の姿がある。他者と共通了解するための聞き手の能動性を教師が体現しているのである。また、そうするためには、教師自身が話し手の言葉から受け取った意味感覚を常に自己と照合し、共通了解へ向かおうとする姿勢が不可欠である。

現象学の視点からとらえ直すことにより、対話的コミュニケーションの志向性・身体性・共通了解という側面からの研究の可能性が明らかになった。今後は、現象学の視点からとらえた対話的コミュニケーションが生まれる国語の具体的な実践研究が求められる。

引用文献

Cazden, C. B. (2001) *Classroom Discourse: The Language of Teaching and Learning.* 2nd ed. Heinemann. 2001.

Gendlin, E. T. (2004) Thinking at the Edge : A New Philosophical Practice. *The Folio,* 19(1). pp.12-24.

秋田喜代美・能智正博（2007）『はじめての質的研究　教育・学校編』東京図書.

有元秀文（1999）「『活発に討論する授業』をどう創造するか――コミュニケーションを核とした『総合的な学習』」『国語科教育，46』全国国語教育学会，pp.16-23.

生田久美子（2011）『わざ言語――感覚の共有を通しての「学び」へ』慶応大学出版会.

一柳智紀（2010）「学びを深めるためのコミュニケーションとは」秋田喜代美編『教師の言葉とコミュニケーション』教育開発研究所，pp.20-25.

伊藤守（1995）「現代におけるコミュニケーション論の試み」『情報社会とコミュニケーション――社会と情報ライブラリ』福村出版.

井上尚美（1989）『思考力育成への方略――メタ認知・自己学習・言語論理〈増補新版〉』明治図書.

井上尚美（2005）『国語教師の力量を高める――発問・評価・文章分析の基礎』明治図書.

井上尚美（2012）『論理的思考を鍛える国語科授業方略【小学校編】』溪水社.

ヴィゴツキー，L. S.（1934/2001）柴田義松（訳）『思考と言語』明治図書.

牛山恵（1995）『「逸脱」の国語教育』東洋館出版社.

大石初太郎（1958）「聞く力・話す力の分析」『国語教育のための国語講座　第六巻　談話と文章の理解と教育』朝倉書店.

大熊徹（1999）「音声言語コミュニケーションとしての授業への志向」『言語技術教育8　音声言語指導の教材開発・授業開発』日本言語技術学会編，pp.65-69.

大熊徹（2002）「三段階の相手意識と『伝え合う力』を育てるための三つの要諦」『教育科学国語教育，627』明治図書，pp.17-19.

大村はま（1983a）「『聞くこと』の学習」『大村はま国語教室　第2巻』筑摩書房，pp.41-51.

大村はま（1983b）「授業における教師の話しことば」『大村はま国語教室　第2巻』筑摩書房，pp.229-239.

岡田敬司（1993）『かかわりの教育学』ミネルヴァ書房.

岡田敬司（1998）『コミュニケーションと人間形成――かかわりの教育学Ⅱ』ミネルヴァ書房.

岡利道（1991）「まずは聞き合いから」『月刊国語教育研究，233』日本国語教育学会編，pp.4-8.

小川仁志（2011）『超訳「哲学用語」事典』PHP文庫.

甲斐雄一郎（1988）「聞き方教授史に何を学ぶか」『月刊国語教育研究，186』日本国語教育学会編，pp.23-27.

柄谷行人（1992）『探求Ⅰ』講談社.

河野順子（2009）『入門期のコミュニケーションの形成過程と言語発達――実践的実証的研究』溪水社.

河村静枝（1988）「『求めて聞く力』を高める」『月刊国語教育研究，189』日本国語教育学会編.

岸俊行・野嶋栄一郎（2006）「小学校国語科授業における教師発話・児童発話に基づく授業実践の構造分析」『教育心理学研究，54』pp.322-333.

木下ひさし（2009）『国語科発問づくりの基礎基本』明治図書.

ギャラガー，S.・ザハヴィ，D.（2001）『現象学的な心――心の哲学と認知科学入門』石原孝二・宮原克典・池田喬・朴嵩哲訳，勁草書房.

グッドソン，I.F（2001）『教師のライフヒストリー ――「実践」から「生活」の研究へ』藤井泰・山田浩一訳，晃洋書房.

熊谷智子（1997）「はたらきかけのやりとりとしての会話」茂呂雄二編『対話と知――談話の認知科学入門』新曜社，pp.21-46.

倉澤栄吉（1989a）「対話の指導」『倉沢栄吉国語教育全集10　話しことばによる人間形成』角川書店〔原典『国語科対話の指導』第Ⅰ編・第Ⅱ編　東京都青年国語研究会　共編（1970）新光閣書店〕.

倉澤栄吉（1989b）「話しことばとその教育」『倉沢栄吉国語教育全集10　話しことばによる人間形成』角川書店.

倉澤栄吉（1989c）「聞くことの学習指導」『倉沢栄吉国語教育全集10　話しことばによる人間形成』角川書店.

倉澤栄吉（2002）「講義要旨　伝え合いと通じ合い（コミュニケーション）」『月刊国語教育研究 No.366』日本国語教育学会.

倉八順子（2001）『多文化共生にひらく対話――その心理学的プロセス』明石書店.

黒羽正見（2005）「学校教育における〔教師の信念〕研究の意義に関する事例研

究：ある小学校教師の教育行為に焦点をあてて」『富山大学教育学部研究論集, 8』.pp15-21.

桑野隆（1987）『バフチン〈対話〉そして〈解放の笑い〉』岩波書店.

河野哲也（2014）『「こども哲学」で対話力と思考力を育てる』河出書房新社.

佐伯胖（1990）『考えることの教育——教育のヤラセ主義を排し考えることの教育とは』国土社.

酒井千春（2000）「話し合いの生成過程に関する一考察——個人間の調整を促す要因を中心に」『国語科教育, 47』全国国語教育学会, pp.73-80.

坂本喜代子（2016）「若手教員にとって国語科研究授業の体験はどのような意味があるか」末武康弘・諸富祥彦・得丸智子・村里忠之編著『「主観性を科学化する」質的研究法入門——TAEを中心に』金子書房, pp.267-276.

佐久間まゆみ・杉戸清樹・半澤幹一（1997）『文章・談話のしくみ』おうふう.

佐々木佳子（2012）「教育実践における教師の思考に関する研究の展望：教師の気づき（アウェアネス）に焦点をあてて」『北海道大学大学院教育学研究院紀要, 117』pp.131-145.

佐藤公治（1999）『対話の中の学びと成長』金子書房.

佐藤学（1995）「学びの対話的実践へ」佐伯胖・藤田英典・佐藤学編『学びへの誘い』東京大学出版会, pp.49-91

佐藤学（2003）「教室における学びと対話」『実践国語教育研究』別冊No.249 明治図書.

佐藤洋一（2000）『国語科を核に総合的学習を創る』明治図書.

ザトラウスキー, P.（1991）「会話分析における『単位』について『話段』の提案」『日本語学』10-10号, pp.79-96.

ザトラウスキー, P.（1993）『日本語の談話の構造分析——勧誘のストラレジーの考察』くろしお出版.

ショーン, D.（2001）『専門家の知恵——反省的実践家は行為しながら考える』佐藤学・秋田喜代美訳, ミネルヴァ書房.

白田千晶（2015）「日本人配偶者を持つ在日外国人女性の文化的価値観：TAEを用いた質的研究」『お茶の水女子大学人文科学研究, 11』pp.195-210.

末武康弘・諸富祥彦・得丸智子・村里忠之編（2016）『「主観性を科学化する」質的研究法入門——TAEを中心に』金子書房.

高尾隆・中原淳（2012）『インプロする組織——予定調和を超え、日常をゆさぶる』三省堂.

高木亜希子（2014）「英語科教員養成における省察の意味とは何か」『JACET言語教師認知研究会研究集録　2014』pp.60-74.

高木光太郎（2003）「最近接発達領域における内的論理の変形可能性と接触可能性」『国際教育評論』第1号　東京学芸大学国際教育センター.

高木まさき（2001）『「他者」を発見する国語の授業』大修館書店.

高橋俊三（1994）『聞くことの指導』明治図書.

髙橋俊三（2001）『国語科話し合い指導の改革――グループ討議からパネル討論まで』明治図書.

滝沢武久（1999）『話しあい、伝えあう――子どものコミュニケーション活動』金子書房.

竹田青嗣（2004）『現象学は〈思考の原理〉である』筑摩書房.

田中瑩一（1994）『中学校国語聞く力が育つ学習指導』東京書籍.

田村眞由美・末次典恵（2016）「TAEを用いた患者インタビューの分析」末武康弘・諸富祥彦・得丸智子・村里忠之編『「主観性を科学化する」質的研究法入門――TAEを中心に』金子書房，pp.302-313.

得丸さと子（2010）『ステップ式質的研究法――TAEの理論と応用』海鳴社.

得丸智子（2016）「TAEの理論と実際」末武康弘・諸富祥彦・得丸智子（さと子）・村里忠之編著『「主観性を科学化する」質的研究入門――TAEを中心に』金子書房，pp.112-131.

中川惠正・守屋孝子（2002）「国語の単元学習に及ぼす教授法の効果――モニタリング自己評価訓練法の検討」『教育心理学研究，50』日本教育心理学会，pp.81-91.

中田智子（1991）「発話分析の観点――多角的な特徴記述のために」『国立国語研究所報告103　研究報告書12』.

中田智子（1992）「会話の方策としてのくり返し」『国立国語研究所報告　104　研究報告書13』.

中田基昭（1997）『現象学から授業の世界へ――対話における教師と子どもの生の解明』東京大学出版会.

中坪史典編（2012）『子ども理解のメソドロジー――実践者のための「質的実践研究アイディアブック』ナカニシヤ出版.

中村敦雄（2001）「話し合い・討論の学習はどうあるべきか？――協働（コラボレーション）の観点からとらえ直す」『国語科教育研究　第101回大会研究発表要旨集』全国国語教育学会，pp.238-241.

中村敦雄（2002）「話すこと・聞くことの学習指導研究の成果と課題」『国語科教育学　研究の成果と展望』全国大学国語教育学会.

西尾実（1975a）「国語教育学の構想」『西尾実国語教育全集第4巻』教育出版〔原典『国語教育学の構想』（1951）筑摩書房〕.

西尾実（1975b）「国語教育学序説」『西尾実国語教育全集第5巻』教育出版.

西尾実（1975c）「聞くことの学習」『西尾実国語教育全集第7巻』教育出版〔原典「国語の教室」第五号・第六号（1959, 1960）信濃教育会典〕.

西尾実（1975d）「『現代国語』の学習指導」『西尾実国語教育全集第7巻』教育出版〔原典『現代国語1　学習指導の研究』（1959）筑摩書房〕.

西上慶一（2011）「音声言語の学習過程を対象化していく授業研究——話し手と聞き手の内言に目を向けて」『月刊国語科教育, 472』日本国語教育学会.

西研（2004）「哲学から見た国語教育」～神奈川県高等学校教科研究会国語部会研究大会記念講演（2004年5月26日）より　http://www007.upp.so-net.ne.jp/inuhashi/

西研（2015）「人間科学と本質観取」小林隆児・西研編『人間科学におけるエヴィデンスとは何か——現象学と実践をつなぐ』新潮社, pp.119-185

西村ユミ（2001）『語りかける身体——看護ケアの現象学』ゆみる出版.

能智正博（2006）『〈語り〉と出会う—質的研究の新たな展開に向けて』ミネルヴァ書房.

橋内武（1999）『ディスコース——談話の織りなす世界』くろしお出版.

畑中裕（1982）「確かな聞き方話し方を育てる対話指導」『月刊国語教育研究, 115』日本国語教育学会.

バフチン, M. M.（1979/1988）佐々木寛（訳）「ことばのジャンル」『ことば対話テキスト』新時代社.

平田オリザ（2001）『対話のレッスン——日本人のためのコミュニケーション術』小学館.

平野朝久（1987）「オープン教育の立場に立つ授業の基礎」『東京学芸大学紀要教育科学（1）38』.pp.39-50.

平野朝久（1994）『はじめに子どもありき——教育実践の基本』学芸図書.

平野朝久（2013）『続はじめに子どもありき——基本原理と実践』学芸図書.

深田博己（2001）『インターパーソナル・コミュニケーション——対人コミュニケーションの心理学』北大路書房.

藤井知弘（1998）「読みの交流における対話の実相——会話分析を中心に」『読書科学, 42-2』日本読書学会, pp.73-81.

藤井知弘（2003）「話し合いの成立のポイント——教育実践場面分析からの考察」『国語科教育研究　第104回大会研究発表要旨集』全国国語教育学会, pp.50-57

藤田恵子（2013）「子どもと共に創る授業をめざして」平野朝久編『続はじめに子どもありき——基本原理と実践』学芸図書, pp.70-93.

藤森裕治（2000）「『対話的コミュニケーション』の学習指導に関する一考察
　　——『話すこと・聞くこと』の実践理論における人間形成論の歴史と展望」
　　『第98回全国大学国語教育学会　課題研究（第1分科会）発表資料』.
藤森裕治（2002）「予測不可能事象：授業コミュニケーション研究における社会
　　システム論の導入」『国語科教育，51』全国大学国語教育学会，pp.34-41.
藤原顕・遠藤瑛子・松崎正治（2006）『国語科教師の実践的知識へのライフヒス
　　トリー・アプローチ－遠藤瑛子実践の事例研究－』渓水社.
細川太輔（2013）『国語科教師の学び合いによる実践的力量形成の研究——協働
　　学習的アクションリサーチの提案』ひつじ書房.
ポランニー, M.（2003）『暗黙知の次元』ちくま学芸文庫.
堀口純子（1997）『日本語教育と会話分析』くろしお出版.
堀裕嗣・研究集団ことのは(2002)『聞き方スキルを鍛える授業づくり』明治図書.
丸野俊一・松尾剛（2008）「対話を通した教師の対話と学習」秋田喜代美・キャ
　　サリン・ルイス編著『授業の研究　教師の学習——レッスンスタディへの
　　いざない』明石書店，pp.68-97.
丸山範高（2014）『教師の学習を見据えた国語科授業実践知研究——経験に学ぶ
　　国語科教師達の実践事例からのアプローチ』渓水社.
三浦和尚（2004）「話し言葉教育を支える教師の話し言葉」倉澤栄吉・野地潤家
　　監修『朝倉国語教育講座3話し言葉の教育』朝倉書店，pp.182-197.
水津昭子・足立登志也・水谷宗行（2013）「熟練教師と学生の教室談話の違い
　　——児童への欲求と児童の発言に対する応答の談話分析を通して」『京都教
　　育大学教育実践研究紀要，13』pp.233-241.
三村尚彦（2011）「そこにあって、そこにないもの——ジェンドリンが提唱する
　　新しい現象学」『フッサール研究第九号』フッサール研究会.
迎勝彦・渡部洋一郎・野村眞木夫（2001）「学習者相互のコミュニケーション過
　　程の分析－談話分析による量的な第一次分析を中心として－」『国語科教育
　　研究　第101回大会研究発表要旨集』全国国語教育学会　pp.84-87
村川治彦（2012）「経験を記述するための言語と論理——身体論からみた質的研
　　究」『看護研究，45-4』医学書院.
村里忠之（2016）「質的研究の哲学的基礎について——こころの哲学と現象学は
　　質的研究をどのように基礎づけることができるだろうか」末武康弘・諸富
　　祥彦・得丸智子・村里忠之編『「主観性を科学化する」質的研究法入門——
　　TAEを中心に』金子書房，pp.15-32.
村松賢一（2000）「生きる力を育てる国語科の相互交流能力」『国語科で育てる
　　相互交流力』明治図書，pp.7-14.

村松賢一（2001）『対話能力を育む話すこと・聞くことの学習——理論と実践』明治図書.

村松賢一（2002）「国語科におけるコミュニケーション能力の育成——音声言語教育の現状と課題」『言語文化と日本語教育』5月特集号，お茶の水女子大学日本言語文化学研究会，pp.358-380.

メイナード，K. 泉子（1992）『会話分析』くろしお出版.

メルロ＝ポンティ，M.（1974）『知覚の現象学2』竹内芳郎・木田元・宮本忠雄訳，みすず書房.

森美智代（2011）『〈実践＝教育思想〉の構築——「話すこと・聞くこと」教育の現象学』溪水社.

茂呂雄二・小高京子（1993）『日本語談話研究の現状と展望」『国立国語研究所報告105研究報告書14』

茂呂雄二（1997）「談話の認知科学への招待」『対話と知——談話の科学入門』新曜社，pp.1-17.

安居總子（2002）「コラボレーションときく『きき合い話し合いの教室』のために」『月刊国語教育研究，365』日本国語教育学会，pp.2-3.

山元悦子（1995）「話し言葉指導の領域とその系統について」『福岡教育大学紀要，44』pp.55-65.

山元悦子（1996a）「対話指導のための基礎論研究——対話展開力をとらえる指標」『福岡教育大学紀要，45』pp.27-42.

山元悦子（1996b）「対話能力の発達に関する研究——対話展開力を中心に」『国語科教育，43』全国国語教育学会，pp.39-49.

山元悦子（1997）「対話能力の育成を目指して——基本的考え方を求めて」『共生時代の対話能力を育てる国と教育』福岡教育大学国語科・福岡教育大学付属中学校著，明治図書，pp.13-48.

山元悦子（2002）「聞く・話す力を育てる国語科教育の構想——『話し合い』を中心に」『福岡教育大学紀要，51』pp.57-70.

山元悦子（2008）「共創的コミュニケーション能力の育成を目指して——教育コミュニケーションの構造」『月刊国語教育研究，434』日本国語教育学会.

山元悦子・稲田八穂（2014）「言語コミュニケーション能力を育てる授業の試み」位藤紀美子監修『言語コミュニケーション能力を育てる——発達調査をふまえた国語教育実践の開発』世界思想社，pp.147-165.

山元悦子（2016）『発達モデルに依拠した言語コミュニケーション能力育成のための実践開発と評価』溪水社.

若木常佳・北川尊士・稲田八穂（2013）「話し合う力を育成する教材の研究「台

本型手びき」にキャラクターを設定した場合」『福岡教育大学紀要，62』pp.87-95.

鷲田清一（1997）『現象学の視線——分散する理性』講談社.

鷲田清一（2014）「……」『哲学カフェのつくりかた』鷲田清一監修・カフェフィロ編，大阪大学出版会

ワーチ，J. V.（1998/2002）佐藤公治・田島信元・黒須俊夫・石橋由美・上村佳世子（訳）『行為としての心』北大路書房.

索　引（事項）

【あ行】

あいづち　12, 13, 16, 18, 20-22, 39, 42-45, 47, 48, 52, 58, 63-65, 68-70, 72, 73, 76, 77, 79, 81, 86, 88, 90, 172, 181, 184, 188, 189

意味感覚　101-105

インプロビゼーション　189

【か行】

概念　101-103, 105, 106, 109

教師の信念　95, 97, 100, 106, 116, 129, 135, 137, 138, 144, 145, 147, 149, 159, 177, 182-184

共通了解　177, 178, 184, 188, 189

協働の発話　1, 51, 55, 70, 92, 113, 149, 150, 157, 184, 188

くり返し　21, 39, 42-45, 47, 48, 52, 58, 63, 65, 68-70, 72, 73, 75-77, 81, 84, 86, 88, 89, 152, 153, 156-159, 181, 184, 188, 189

現象学　98, 147, 177-180, 185, 188, 189

交差　105, 108

【さ行】

志向性　129, 171, 174, 175, 177, 179-181, 188, 189

質的研究　95, 97-100, 103, 104, 106, 129, 130, 177, 183

身体性　177, 181, 188, 190

相互作用　1, 3, 5, 8, 25, 27-33, 35, 38, 53, 58, 92, 93, 96, 156

相互作用分析　149, 160, 177

側面関係構成　103, 105, 108, 124, 125, 130

【た行】

談話分析　26, 32, 33, 159, 163-165, 189

直接照合　101, 158, 159

沈黙　1, 40, 47-51, 53, 56, 58, 66, 67, 80, 85-87, 114, 145, 149, 150, 156, 158, 173, 177, 179-181, 188

つなげ　20-22, 39, 45-48, 52, 58, 63, 65, 68, 70, 73, 75, 77, 85, 86, 88, 89, 91, 152, 154, 156, 158, 159, 181, 184, 188, 189

つなげる話し合い　139, 140, 142, 143, 145, 149, 150, 156, 159, 165-167, 169, 171, 172, 174, 175

TAE　95, 98-100, 103, 106, 107, 129, 130, 177

【な行】

認識の深化　4, 51, 53, 55, 70, 88, 90-92, 149, 150, 156, 158

能動性　1，13-16，49-53，58，77，82
能動的な学習者　129
能動的な聞き手　1，6，13，15，16，
　　　39，47，50-53，57，59，63，
　　　70，71，73，89，92，149，
　　　150，152，157-159

【は行】

はじめに子どもありき　129，130，146，
　　　164，165，174，175
パターン　101-103，105，107-109，
　　　119，120，122，130，132
発達の最近接領域　25，27-29，92
発話機能　33，35，36，40，71，72，
　　　90，93，149-151，157，164-166，
　　　169，172，174
反応する力　1，16，18

【ま行】

メタファ　101，103

【や行】

用語関連　105，108，126，132
用語組込　105，109，132，133，135，
　　　136
用語探索　105，108，127，132，133
予測　2，16，20，22，39，46，47，
　　　52，58，63，65，68-70，84-90，
　　　133-137，146，152，154-156，
　　　158，174，181，182，184，
　　　188，189
予測不可能事象　1，51，53，55，70，
　　　88-90，92，149，150，155，
　　　158，159，177，182，183，
　　　188，189

【ら行】

論理形式　101-103，105

索　引（人名）

【あ行】

秋田喜代美　97
有元秀文　32, 33
生田久美子　182
一柳智紀　95
伊藤守　3
井上尚美　96, 97, 162, 163
ヴィゴツキー, L. S.　25-27, 28, 29
牛山恵　146
大石初太郎　18, 20
大熊徹　10, 13, 14
大村はま　56, 58
岡田敬司　4, 5, 90
岡利道　56
小川仁志　178

【か行】

甲斐雄一郎　56
甲斐利恵子　60
中坪史典　98
柄谷行人　4
河野順子　162, 163
河村静枝　56
岸俊行　162, 163
木下ひさし　162
キャズデン　163, 164
ギャラガー, S.　180
グッドソン, I. F.　99
熊谷智子　35, 36, 38, 39, 150, 164,
　　165
倉澤栄吉　2-6, 9, 10, 23, 24

倉八順子　4
黒羽正見　147
桑野隆　3
河野哲也　186, 187

【さ行】

佐伯胖　91
酒井千春　38
佐久間まゆみ　22
佐々木佳子　146
佐藤公治　3, 4, 28, 29, 93
佐藤学　6, 10, 11, 27, 28
佐藤洋一　92
ザトラウスキー, P.　33, 34
ジェンドリン, E. T.　100-103, 189
ショーン, D.　99
白田千晶　100
末武康弘　98, 100

【た行】

高尾隆　182, 183
高木亜希子　100
高木光太郎　27
高木まさき　3
髙橋俊三　2, 3, 13, 14
滝沢武久　4, 5
竹田青嗣　178
田中螢一　23
田村眞由美　101
時枝誠記　6
得丸智子（さと子）　100-103

【な行】

中川惠正　71
中田基昭　178
中村敦雄　56
中田智子　33, 34
西尾実　5, 6, 8-10, 16, 22
西上慶一　56
西研　184-186
西村ユミ　180
能智正博　99

【は行】

橋内武　31
畑中裕　56
バフチン, M. M.　2-4, 13-16
平田オリザ　92
平野朝久　129, 130, 161, 175
深田博己　4
藤井知弘　33, 35, 38
藤田恵子　161
藤森裕治　6, 53, 187
藤原顕　98
フッサール　178, 180
細川太輔　98
ポランニー, M.　97
堀口純子　12, 13, 15, 16, 20-22

堀裕嗣　17, 18, 23, 24

【ま行】

丸野俊一　163, 164
丸山範高　99
三浦和尚　160
水津昭子　163-165
三村尚彦　147
迎勝彦　32, 33
村川治彦　183
村里忠之　98
村松賢一　5, 6, 11, 18, 19
メイナード, K. 泉子　20
メルロ＝ポンティ, M.　182, 183, 188
森美智代　178
茂呂雄二　31

【や行】

安居總子　16-18, 25
山元悦子　13, 15, 16, 18, 33-35, 56,
　　　　162

【わ行】

ワーチ, J. V.　29, 30
若木常佳　57
鷲田清一　177

著　者
坂本　喜代子　（さかもときよこ）

1959年　東京生まれ
1982年　東京学芸大学初等教育教員養成課程国語科専修　卒業
2004年　東京学芸大学大学院教育学研究科国語教育専攻　修士課程　修了
東京都公立小学校教諭、足立区教育委員会講師、東京学芸大学非常勤講師を経て
現在　帝京大学教育学部初等教育学科講師

主な共著書
『「主観性を科学化する」質的研究法入門──TAEを中心に』金子書房，2016.
『文学の教材研究──〈読み〉のおもしろさを掘り起こす』教育出版，2014.
『「書くこと」の言語活動25の方略──子どもの意欲を「活用」につなげる』教
育出版，2014.
『国語科授業を活かす理論×実践』東洋館出版社，2014.
DVD『授業の効果を高める板書の工夫③「日本語を考える」』ジャパンライム

対話的コミュニケーションが生まれる国語

平成29年10月24日　発　行

　　著　者　坂本　喜代子
　　発行所　広島市中区小町1-4　（〒730-0041）
　　　　　　電話082-246-7909　FAX082-246-7876
　　　　　　e-mail: info@keisui.co.jp
　　　　　　URL: www.keisui.co.jp

ISBN978-4-86327-414-3　C3081